新しい「日本神話」の読み方

古事記
成長する神々

斎藤英喜
Hideki Saito

ビイング・ネット・プレス

目次◉古事記　成長する神々

Ⅳ オホクニヌシの章——葦原の中つ国の「王」と国譲り

◉ある出雲大社参拝記

Ⅴ　アマテラスの章――戦う女神から皇祖神へ

Ⅵ　天孫降臨の章――地上に天降った神たち

Ⅶ　天皇と英雄の章——神話と歴史のミッシング・リンク

プロローグ

文字自体に呪文がかけられているのか。なるほど難解なわけだ。

（岡野玲子『消え去りしもの』）

二十一世紀の『古事記』へ

つい最近まで『古事記』や日本神話といえば、天皇制イデオロギーや軍国主義、皇国史観の擁護、復権といった色眼鏡で見られることが多かった。もちろん、そうしたイデオロギー的観点がまったく消えたわけではないが、しかし、近年の古事記ブーム、日本神話ブームは、これまでの古代史の謎への興味とともに、メルヘンやファンタジーのルーツ、さらにスピリチュアルな世界への渇望、あるいは「J（ニッポン）回帰」の動向など、多種多様な関心から『古事記』への興味が高まっていることを教えてくれよう。「イデオロギー」の時代が終焉した、まさに二十一世紀という時代における『古事記』の「復権」といってもいいはずだ。

このように『古事記』への関心は高いし、そこに伝わる神話、たとえばイザナキ・イザナミの国生みとかスサノヲの八岐大蛇《やまたのおろち》退治、アマテラスの岩屋ごもり、オホクニヌシの稲羽《いなば》の白兎、あるいは海幸彦・山幸彦のエピソードなどもそれなりに知られていよう。

しかし有名な「古典」の多くの例に漏れず、実際に『古事記』を原文で読んだという人はそう多くはないだろう。また読もうと思って読み出してみても、いきなり神さまたちの系譜がずらずらと続き、長い神名やそれぞれの関係がわかりにくくて、挫折したという人も少なくないだろう。

けれども、『古事記』の神話世界のほんとうの魅力を知ろうとするならば、やはり「原文」にそくして理解することが一番大切だ。そして概説やあらすじからは見えてこない『古事記』のほんとうの面白さは、原文のなかの言葉、一語、一語のなかに秘められていることはまちがいない。そう、「神は細部に宿りたまう」、だ。

そこで本書では、できるだけ『古事記』の原文（※）を引用しながら、原文にはどう書いてあるのかを出発点にして、『古事記』の神話世界の深層を探っていくことをめざしたい。『古事記』の原文をじっくり味わいながら、あらすじだけからはわからない、日本神話のつきない魅力を「神話学」の視点から探っていくのが、本書の目的である。

『古事記』成立の経緯とは

まずは『古事記』が作られた経緯を説明しておこう。

『古事記』が作られたのは、平城京に都が遷って二年後の和銅五年（七一二）である。そして『古事記』が出来て八年後の養老四年（七二〇）には、『日本書紀』が編纂された。時代は「青丹《あおに》よし奈良のみやこは……」と謳《うた》われる、煌《きら》びやかな天平文化が花開く直前である。

『古事記』は、なぜ、誰によって作られたのか。その経緯は、冒頭に付された序文に詳しい。七世紀後半、壬申の乱（六七二）に勝利して即位した大海人皇子《おおあまのみこ》＝天武天皇《てんむ》は、ヤマトの豪族たちが伝える神話や伝承に誤りが目立つので、天皇自身が正しい「帝紀」と「旧辞」を定めて、それを若い舎人《とねり》の稗田阿礼《ひえだのあれ》に口伝えに誦《よ》み習わせた。けれどもそのときはまだ書物として完成せず、それから三十数年後の八世紀初頭、元明《げんめい》女帝の時代、太安万侶《おおのやすまろ》に命じて、阿礼が誦み習った天武天皇直伝のフルコトを、そのまま文字に書き写して書物にした。これが『古事記』の成り立ちである。

『古事記』は以下のような三巻だてになっている。

上つ巻　天地創世から初代天皇のカムヤマトイハレビコ（神武《じんむ》天皇）誕生まで
中つ巻　神武天皇の東征から応神《おうじん》天皇まで
下つ巻　仁徳《にんとく》天皇から推古《すいこ》女帝まで

このうち「日本神話」と呼ばれるものは、上つ巻に収録されているものだ。したがって、本書でもこの上つ巻が主な対象となる。ただ中つ巻の神武天皇の東征や、崇神《すじん》天皇、垂仁《すいにん》天皇、ヤマトタケルの事績なども「神話」との繋がりがあるので、彼らのエピソードも読むことにしよう。

一方、『日本書紀』も、その成り立ちの経緯は天武朝に遡る。天武天皇十年（六八一）、天皇は川島皇子、忍壁《おさかべ》皇子たちに命じて「帝紀」と「上古諸事」の内容を定めて、その記録作業を開始させた。それをもとにして、三十九年後の養老四年（七二〇）に、舎人親王を中心とした国史編纂グループによって作られたのが『日本書紀』全三十巻である。「神代」の神話世界から始まり、七世紀後半、天武天皇の妻である持統《じとう》天皇までの時代が記されている。『日本書紀』の神話部分の特徴は、「正文」（本文、本書とも）という正伝としての神話とともに、「一書」という、多数の異伝を同時に載せていることだ。古代中国の『漢書』や『後漢書』などをモデルとした、まさに「正史」としての書物であった。

かくして、古代日本には、ほぼ同じ時期に『古事記』と『日本書紀』というふたつの歴史書・神話テキストが作られたのである。

では、このふたつの書物にはどんな違いがあるのだろうか。

ローカル・アイデンティティとしての『古事記』

一般に、『古事記』は日本神話のより古い姿を伝えると理解されている。『日本書紀』に載る神話が、中国から輸入された思想（陰陽説）で味付けされているのにたいして、『古事記』は中国からの影響を受けるまえの姿を残している、というのが通説である。

また『記』『紀』ともに中国伝来の漢字を使って表現しているが、『日本書紀』は当時の中国人でも読めるような正格な「漢文体」で書かれている。それにたいして、『古事記』は漢字を使いながら古代ヤマトの「古語」や「音声」を伝えようとする努力のあとが見られる。このことは、『日本書紀』が中国との交渉を意識した「国際派」であり、一方『古事記』は、ヤマト国内の豪族たちを天皇のもとに結集させることを目的とした「国内派」の神話テキストであったという理解となろう。

それを一番象徴するのが、『古事記』上つ巻全体の四分の一ぐらいの分量をもつ、出雲を舞台としたオホクニヌシの神話である。少年英雄オホナムヂが、稲羽の白兎や根の堅州国《かたすくに》での恋と試練・冒険をへて「大国主神」になる物語は、日本神話を代表する有名なエピソードだ。しかしその神話はすべて『古事記』だけに載っているもので、『日本書紀』ではまったくカットされている。出雲を舞台とした神話を重視していることが『古事記』の特徴といえよう。

あらためて『記』『紀』が成立した当時の歴史に目をむけてみると、八世紀とは、中国や朝鮮半島との交渉が盛んな、日本の歴史上でも稀に見るような国際色豊かな時代であった。『記』『紀』の編纂に大きく関わる天武天皇は、中国から輸入した律令法にもとづく中央集権国家の設立者であり、また『記』『紀』が作られた直後には、東大寺の大仏建立に象徴されるインド起源の仏教が流行し、聖武《しょうむ》天皇は自ら「三宝《さんぽう》の奴《やっこ》」と名乗った。そして正倉院の「御物《ぎょぶつ》」に見られるように、唐の大陸文化や遠くインドやペルシアの文物がシルクロードを通じて到来した時代——、それは「帝国」中国による東アジアの均質空間の創出、現代ふうにいえばグローバリズムの時代であった。そうした時代のただ中で、『古事記』と『日本書紀』は作られたのだ。

ここから『記』『紀』の違いについて、こう説明できる。すなわち中国との関係を重視する「国際派」

の『日本書紀』の神話とは、「帝国」中国を世界基準とするグローバル・スタンダードを目指していたこと、一方、ヤマト言葉の音声や語りを重視し、地域に流通する神話にこだわる「国内派」の『古事記』とは、グローバリズムによって喪失するローカル・アイデンティティを再構築する神話テキストであったといえる。つまり『古事記』と『日本書紀』とは、この時代のグローバリズムにたいする裏・表のような位置関係にあったのである。さらに『古事記』の神話世界には、表面的には中国的な思想や陰陽説を拒否しているように見せながら、巧みにそれらが取り込まれているのも見えてくる。

それがどんな「神話」になるかは、本論のなかで解き明かしていこう。

「成長する神々」の神話世界

『古事記』の神話世界の魅力として、神話のなかの神さまたちがとても人間的だ、ということが一般的に言われる。それはギリシア神話にも共通するもので、神話のなかの神々がキリスト教やイスラム教などの一神教の絶対神とは違うことを教えてくれるところだ。

さらに『古事記』を読み進めていくと、登場する神さまたちが、物語の展開にあわせて成長していくことに気がつくだろう。たとえばアマテラスの弟で荒ぶる神として追放されるスサノヲ。だが、彼は出雲の地では怪物ヲロチを退治する英雄へと成長していく。または出雲を舞台とする神話の主人公・オホナムヂは、最初は兄たちの袋担ぎをする少年だったが、幾度の試練を経るなかで、葦原《あしはら》の中つ国＝地上世界を支配する王、オホクニヌシへと成長していくのである。それを証明するように、彼には複数の名前があった。

さらに高天《たかま》の原に君臨する、皇祖神のアマテラス。この女神も、最初から至高の神だったわけではない。彼女の原イメージには巫女の姿が見られるし、さらには武装して戦う女性シャーマンの相貌も見られる。そうした女神が、いかにして皇祖神という至高の神に成長していくのか。それが『古事記』の神話世界の重要なテーマとなるのだ。

このことは、『日本書紀』と対比するとさらにわかってくる。グローバル・スタンダードをめざす『日本書紀』では、同じスサノヲやアマテラスも『古事記』とはまったく違う姿を見せる。『日本書紀』のスサノヲは、「悪神」と呼ばれているし、アマテラスもまた生まれたときから最高の神として称えられる。さらに『日本書紀』には、試練を経ながら葦原の中つ国の王になっていくオホクニヌシ（オホナムヂ）の神話はすべてカットされているのだ。彼はただ「邪神」と呼ばれる。神々の姿もまた、『記』『紀』によって大きく異なるのだ。

神々の成長を語っていく『古事記』。それはまさにグローバリズムにたいする「ローカル」の神話世界を見せてくれよう。そう、「日本」の神さまたちは、人間たちに祭られることで「神」の位を高めていくのだし、祭られないと穢れてしまう存在なのだから。

本書では、『古事記』に登場する神たちにスポットをあてて、彼らがどのように「成長」していくのか、その姿を追いかけていきたい。こうした視点から『古事記』を読み解いていくのが、本書がめざす「神話学」の方法である。

では、さっそく『古事記』のページを開くことにしよう。

※『古事記』の原文は、すべて漢字で書かれている。その時代にはまだ仮名がないからだ。したがって、『古事記』の原文はひじょうに難解である。そこで本書では「読み下し文」を原文として引用し、さらにそのあとに意味が取りやすいように「意訳」を載せる。

＊『古事記』の読み下し文は、西宮一民校注『新潮日本古典集成 古事記』新潮社による。ただし一部を変えた。また「原文」は神野志隆光、山口佳紀校注・訳『新編・日本古典文学全集 古事記』小学館による。

＊『日本書紀』の読み下し文は、小島憲之、他校注・訳『新編・日本古典文学全集 日本書紀』小学館による。

＊現代語訳・意訳も、上記のテキストを参考。また三浦佑之『口語訳 古事記』文芸春秋文庫、二〇〇六年、も参照した。

＊本書を執筆するにあたっては、数多くの研究成果をふまえているが、本文中には著者名と書名・論文名だけをあげ、詳しい情報は、巻末の「参考文献一覧」に掲げた。

『古事記』にみる神々の系譜

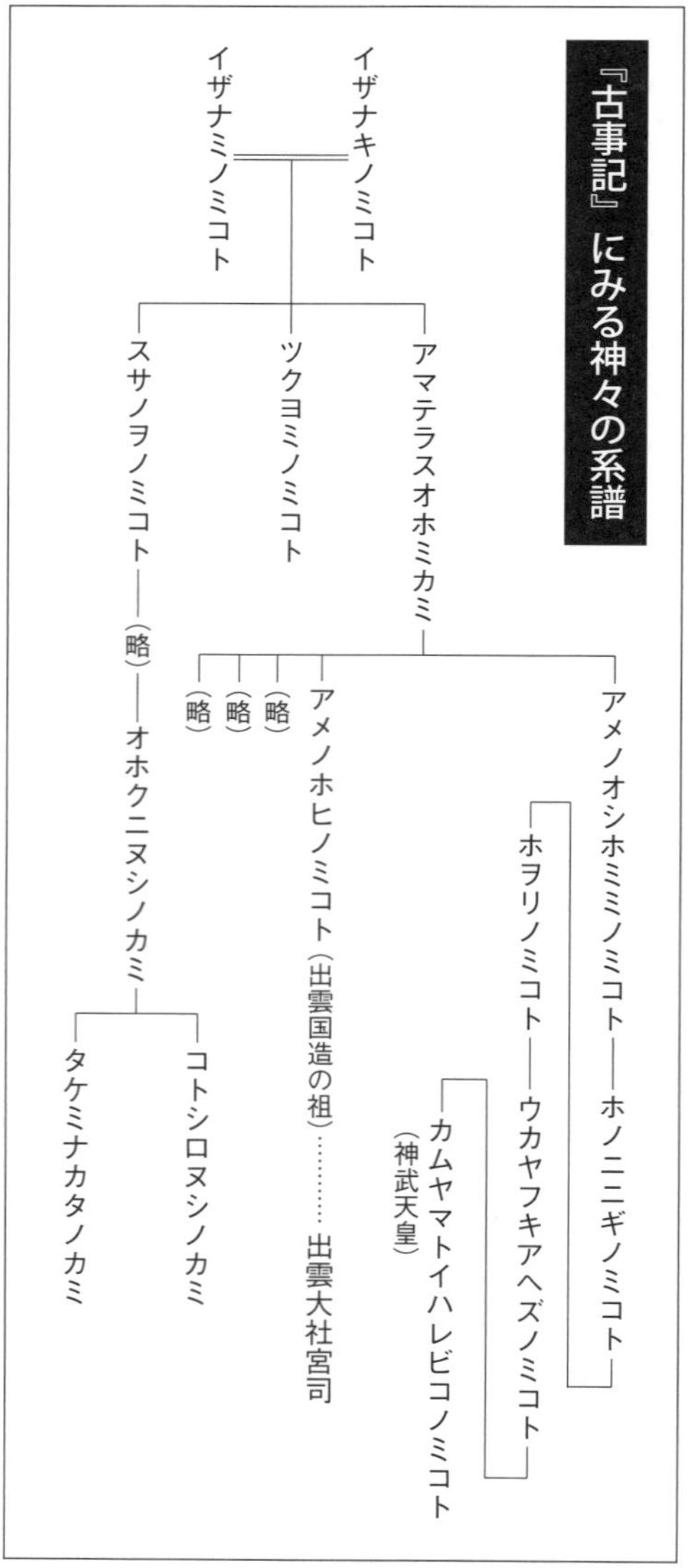

イザナキノミコト
イザナミノミコト
アマテラスオホミカミ
ツクヨミノミコト
スサノヲノミコト
（略）
オホクニヌシノカミ
コトシロヌシノカミ
タケミナカタノカミ
アメノオシホミミノミコト
ホノニニギノミコト
ホヲリノミコト
ウカヤフキアヘズノミコト
カムヤマトイハレビコノミコト
（神武天皇）
アメノホヒノミコト（出雲国造の祖）
出雲大社宮司
（略）
（略）
（略）

I

天地創造の章——アメノミナカヌシ・タカミムスヒ・カムムスヒ

われわれが住むこの宇宙は、一三七億年まえの「ビッグバン」から始まった――。現代宇宙論が明らかにした宇宙創成の光景である。ビッグバン宇宙は、宇宙論、物理学、電波天文学などの現代の最新の知の結晶といえよう。

宇宙は、そしてこの天地は、いつ・どのようにして始まったのか。人間がつねに知ろうとした、最大の謎だ。その謎に最初に挑戦したのが、世界各地に伝わる神話を作り出した神話作者たちにほかならない。

たとえば原初の父である「大空」と、母である「大地」の分離から天地の起源を説くギリシア神話、あるいは生贄として捧げられた死体から「世界」が出来るというバビロニアの神話、または何もない「無」から「有」が一体となり、渾沌から秩序が生まれたと説くインドのリグ・ヴェーダ神話などなど……(リーミング『創造神話の事典』)。

では、『古事記』は、どのように天地の始まりを語るのだろうか。

「高天の原」から始まる神話

『古事記』の一ページを開いてみよう。

天地初めて発《おこ》りし時に、高天《たかあま》の原《はら》に成りませる神の名は、天之御中主《あめのみなかぬし》の神。次に、高御産巣日《たかみむすひ》の神。次に、神産巣日《かむむすひ》の神。この三柱《みはしら》の神は、みな独神《ひとりがみ》と成りまして、身を隠したまひき。

〔天と地が始まったときに、高天の原という天上の世界に出現した神は、アメノミナカヌシ、タカミムスヒ、カムムスヒの三柱の神々であった。この神たちはみな単独の神で、出現するとすぐさま身を隠してしまった。〕

（『古事記』上つ巻）

天地が始まった、そのとき、高天の原に始元の神たちが誕生した……。「高天の原」といえば、それこそ〝神々の原郷〟というキャッチ・フレーズとされて、日本各地には、「ここが高天の原だ」という場所が数多く伝わっている。

高天の原がどこにあるかはさておき、注目したいのは、始元の神たちの源郷が「高天の「原」」と表現されているところである。「高天の原」という言葉には、高い天上の原野、天空の原っぱというイメージが喚起されよう。

一方、天上にたいする地上世界のことは「葦原の中つ国」という。やはり葦の葉が生い茂る原っぱだ。「葦原」には、水辺に生い茂っている葦の原＝未開の荒蕪《こうぶ》の地というイメージもあるが、「豊葦原の水穂国《みずほのくに》」という言葉もあるように、豊かに実った穀物の穂が生い茂る映像も浮かんでくる。まさにその光景こそが、古代のヤマトびとたちの理想的な生活空間であったのだろう。したがって、古代ヤマトの人びとにとって、自分たちの神々の棲まう天上の空間も、「原」のイメージで表現された。そんなことを想像させるのが、『古事記』が伝える天地生成の光景である。

高天の原に始元の神たちが出現したあと、いまだ固まっていない、漂う脂のような状態の地に葦の芽のように萌え上がる「物」から神たちが誕生してくる。

次に、国稚《わか》く、浮ける脂《あぶら》のごとくして、くらげなすただよへる時に、葦牙《あしかび》のごとく萌え騰《あが》る物によりて成りませる神の名は、宇摩志阿斯訶備比古遅《うましあしかびひこぢ》の神。次に、天之常立《あめのとこたち》の神。此の二柱《ふたはしら》の神も、みな独神と成りまして、身を隠したまひき。

〔次に国土がまだ若く、浮いた脂のように、クラゲのように漂っているときに、葦の芽のように萌え上がる物から生まれた神の名は、ウマシアシカビヒコヂの神。次にアメノトコタチの神。この二神も、単独の神で、すぐに身を隠してしまった。〕（『古事記』上つ巻）

葦の芽のように誕生する神の名は、ウマシアシカビヒコヂの神＝りっぱな葦の芽の男性の神と命名される。葦の原に生活するヤマトの人びとの原イメージが凝縮したような神の名前だろう。この葦の芽の男性の神に、草のような人間のイメージを重ねる三浦佑之氏の解釈もある（三浦佑之『古事記講義』）。

はるか遠くまで、生い茂る葦の原。風にそよぐ葦原を映し出したような天上の高天の原。そして天上の原に誕生してくる、始元の神たち……。

では、こうした「高天の原」は、そもそもいかにして生まれたのだろうか。さらに天地そのものの誕生は？

だが『古事記』では「天地初めて発りし時に」とあって、天地が始まった「そのとき」から神話はスタートしている。高天の原がどうやって出来たのか、それ以前の天地創成の様子は一切語られていないのである。

一方、同じ時代に出来たもうひとつの神話テキスト＝『日本書紀』を読むと、そこには宇宙、天地が出来上がっていくプロセスがきわめて詳細に語られている。ここに『古事記』と『日本書紀』の違いを解き明かす、重要なカギが潜んでいた……。

陰陽の気が天地を生成する

『日本書紀』の正文が語る天地創世の光景――。

古《いにしへ》に天地《あめつち》未《いま》だ剖《わか》れず、陰陽《めを》分れず、渾沌にして鶏子《とりのこ》の如く、溟涬《めいけい》にして牙《きざし》を含《ふふ》めり。其《そ》の清《せい》陽《やう》なる者は、薄靡《たなび》きて天《あめ》に為《な》り、重濁《ぢゅうだく》なる者は、淹滞《とどこほ》りて地《つち》に為るに及《いた》りて、精妙《せいめう》の合摶《がふせん》すること易《たやす》く、重濁の凝竭《ぎょうけつ》すること難《かた》し。故《かれ》、天《あめ》先《ま》づ成りて地後《つちのち》に定まる。然《しか》して後に神聖《しんせい》其の中に生《な》れり。故曰《かれいは》く、開闢《ひらく》る初めに、洲壌《くにつち》の浮漂《うかびただよ》へること、譬《たと》へば游魚《あそぶうを》の水上《みずのうへ》に浮べるが猶《ごと》し。時に天地の中に一物《ひとつのもの》生《な》れり。状《かたち》葦牙《あしかび》の如く、便《すなは》ち神に化為《な》る。国常立尊《くにのとこたちのみこと》と号《まを》す。次に国狭《くにのさ》槌尊《つちのみこと》。次に豊斟渟尊《とよくむぬのみこと》。凡て三神なり。乾道独《けんだうひと》り化《な》す。所以《このゆゑ》に此の純男《ひたを》を成すといふ。

〔その昔、まだ天と地が分かれず、陰と陽の気も分離せず、渾沌としてすべてが未分化な様子は、まるで鶏の卵のようであった。そのなかに仄《ほの》暗く見分けはつけにくいけれど、物事が誕生しようとする兆しが含まれていた。その澄んで明るい気が薄く棚引いて「天」となり、重く濁った気は停滞して「地」となるその時、清く明るい気は丸く集まりやすいけれど、重たく濁った気は固まることが難しかった。そのためにまず「天」が出来上がり、「地」は遅れて定まった。かくして後に神聖がそこに出現した。そこで次のように言われている。天地が分離していく初めに、国土が浮かび漂っている状態は、魚が水の上に浮かぶようであった。その時に、天と地のあいだに一つの物が生まれた。萌え出る葦の芽のように、そのまま神となった。その神をクニノトコタチノミコトという。次をクニサツチノミコト。次をトヨクムヌノミコト。あわせて三神である。この三神は、陽の道のみを受けて生まれた。それで純粋な男を作ったのである。〕

（『日本書紀』神代上・正文）

『日本書紀』の神話世界は、天地がまだ分かれていない、混沌＝カオスから語り始められる。まさに天地が生成する以前である。そして天地を作り出すのは、混沌のなかに含まれていた「陰と陽」のエネルギー体であった。軽い陽の気が上昇して「天」を作り、一方重たい陰の気は、留まって「地」となった――。『古事記』には伝わっていない、天地が造られていく様子が、きわめて具体的に描かれているのである。

もちろん、『日本書紀』が語る天地開闢の神話は、オリジナルなものではなかった。すでに明らかにされているように、『日本書紀』の語る天地が造られていく光景は、ほとんど古代中国の『三五暦記』（三国時代の呉の徐整著。三皇・五帝の歴史を記す）や、『淮南子《えなんじ》』（前漢代の劉安らの著。中国の神話資料を多く伝える）といった中国の書物に書かれている神話を継ぎ接ぎしたものだったのである。

『日本書紀』冒頭の天地創世神話とは、陰と陽の二気の運動によって万物生成の過程を宇宙論的な秩序のなかに位置づけていく。それは伝統的な「中国的発想」を踏まえているという（呉哲男『古代日本文学の制度論的研究』）。かくして陰陽説のロジックから宇宙生成を語る『日本書紀』は、「帝国」中国と肩をならべる正史となった。『日本書紀』はグローバル・スタンダードをめざした神話テキストなのである。

しかし、ここであらためて注意してほしい。陰陽説によって宇宙の開闢を語る『日本書紀』には、「高天の原」のことが一切出てこないことに――。

『記』『紀』の違いが意味すること

『日本書紀』は、陰陽の気による天地の分割という、「帝国」中国と共有する、普遍的な宇宙生成神話を語りだした。しかし逆に、古代ヤマトの人びとが幻視した神々の源郷＝高天の原は、ものの見事に消し去られていたのである（ただし、一書〔第四〕のなかの「ある説」に出る）。

『日本書紀』正文の宇宙生成神話は、「天地」の創成という普遍的な神話世界を描き出すことで、逆に自らの神々の世界たる「高天の原」が失われてしまった。それは、地域の固有性をこえて、すべてが均一化されていくグローバリズムの時代のなかで、自らの地域のアイデンティティの喪失や危機感を引き起こすことになるだろう。アイデンティティ・クライシスである。高天の原から始まる『古事記』の神話世界は、まさしくその危機を乗り越えるため、古代ヤマトのアイデンティティを再構築するために作られたといえよう（斎藤英喜『読み替えられた日本神話』）。呉哲男氏がいうように、『古事記』と『日本書紀』とは、八世紀という時代において、相互に補完しあうように成り立った神話テキストであったのだ（呉哲男、前出書）。

ところでローカル・アイデンティティを構築するためには、あくまでも一方に、「グローバル」な世界が成立していなければならない。『古事記』のなかにも、グローバルな世界観「帝国」中国の言語・思想が浸透しているのである。『古事記』の冒頭が「天地初発之時」と表現されているところだ。中国の陰陽説にもとづく「天地」が成立したことを前提に、そのなかの「一地方」として「高天の原」が成り立つという認識が、『古事記』には示されているのである。『古事記』もまた、「帝国」中国の思想や神話を抜きにしては成り立ち得ないことが見えてこよう。

このことをさらに追求してみよう。

なぜ始元の神は身を隠すのか

『古事記』のなかで、高天の原に誕生する最初の神々は、アメノミナカヌシ・タカミムスヒ・カムムスヒの三神であった。これらの神々は、みな「独神」なので、すぐに姿を消した。続くウマシアシカビヒコヂ、アメノトコタチ、次のクニノトコタチ、トヨクモノも「独神」で姿を消してしまう。『古事記』にはそう書かれている。

それにしても、始元の神々たちは、なぜみんな生まれると同時に姿を消してしまうのだろうか。姿を消すとは、どういう意味なのだろうか。

たとえば原文の「隠身也」は、「隠身なりき」とも訓めるので、それらはすべて「抽象神」という解釈がある(西郷信綱『古事記注釈』第一巻)。たしかに最初のアメノミナカヌシなどは、天の中心の神という、『古事記』では珍しい抽象的な神格とされている。

しかし、重要なポイントは、これらの神々がすべて「独神」と書かれていること。「独神」であることと姿を消すことは対応関係にあるのだ。「独神」とは、イザナキ・イザナミのような男女の神にたいして、性をもたない神という解釈もあるが、ここにはじつは陰陽説との隠された関係が潜んでいるように思われる。

『日本書紀』では、最初の三神は「陽の道のみで生まれた。だから純男という」とある。つまり陰陽のうちの片方だけで生まれた神ということだ。『古事記』の「独神」というのもこれと対応する。古代中国の陰陽説に沿えば、陰陽の二気の和合から生まれなかった神は、単独神として消滅するほかなかったことになるのである（呉、前出書）。ということは、『古事記』の冒頭に生まれ、すぐにその身を隠した「独神」は、陰陽の一方だけの働きで生まれたから、即座に姿を消したと解釈することができる。その点では『古事記』の始元の神たちも、じつは陰陽のロジックを踏まえているといえよう。

しかし重要なことは、陰陽のロジックを踏まえた神々が、ヤマト王権の始元神の棲む世界たる「高天の原」に出現したところである。そこには、陰陽説を取り込みつつ、それとは違うローカルな世界を語るという、『古事記』のなかなか巧妙な語り口が見えてこよう。『古事記』は、けっしてヤマト一地方のローカルな神話のままではない。中国の陰陽説というグローバルな世界を前提にしつつ、それを取り込むことで自らのローカルな神話を再構築したのである。それこそ最近の社会学の造語である「グローカル」の実践といえよう。

さらに始元の神たちの性格を見てみよう。

アメノミナカヌシとムスヒ神

高天の原に誕生した、始元の三柱の神々はどのような性格をもつのだろうか。まずは、江戸時代の本居宣長《もとおりのりなが》以来、注目されているのが「高御産巣日の神・神産巣日神」の「ムスヒ」の神である。ムスヒのムスとは、苔がムス（生す）やムスコ（男子）・ムスメ（女子）のムスで「物の成り出る」こと。「ヒ」は物の霊異なること。したがってムスヒの神とは「物を生成《ナ》すことの霊異《クシビ》なる神霊《ミタマ》を申すなり」（宣長『古事記伝』三之巻）と解釈される。

陰陽の気のエネルギーによって天地が創造されるという『日本書紀』にたいして、ムスヒの神を冒頭に定めることで、『古事記』はムスヒ＝生成の霊力が天地万物を生み出していく神話と解釈することができよう。庭の石に自然に苔が生《む》していくように、「ムスヒ」の霊力によって、日本古代の神々は生成していったというのが、『古事記』の創世神話のイメージである。これを神野志隆光氏は、陰陽説にたいする「ムスヒのコスモロジー」と呼ぶ（神野志隆光『古事記の世界観』）。

本居宣長の生家（三重県松阪市）

なお、タカミムスヒは、アマテラスとともに「国譲り」や「天孫降臨」に際して命令する神として登場し、一方、カムムスヒは、出雲のオホナムヂを援助する神として活躍するが、そのことについては、物語が先に進んだところでふたたび取り上げよう。

では冒頭の三神のトップ「天之御中主の神」とはどういう神なのか。天の真ん中を領する神、天の中心の神というのが、一般的な解釈だ。そして高天の原の神話のなかに、いきなり「天」の中心の神が置かれるのは、この神が本来のヤマトの神ではない、後から付け足された神と見るのが通説となっている。タカミムスヒ、カムムスヒは後にも登場し、神話の展開にとって重要な活躍をするが、アメノミナカヌシは、まさにこの一回限りの登場であとはまったく出てこないのも、抽象的・観念的に創造された神という解釈の妥当性を証明しよう。

ところで、白鳥庫吉、津田左右吉、松村武雄といった近代における神話研究の先駆者たちによって、アメノミナカヌシは中国思想にもとづく神格であることが指摘されている。アメノミナカヌシは、道教系の「元始天王」「元始天尊」や陰陽説に関わる「太一《たいいつ》」、「上帝」などの観念の影響下に構成されたものという説である。

さらに中国的なアメノミナカヌシは、『古事記』が天皇の神話的起源を語ることと繋がっているとも考えられる。もともと「天皇」とは、「天皇大帝《てんこうたいてい》」という道教系の神名であり、それは太一や元始天尊と同一の存在であった。古代ヤマトの王たる「天皇」の名称には、中国系の「天皇《てんこう》」の観念が前提にあるので、天皇の起源神話の冒頭に、太一や元始天王（天尊）にもとづくアメノミナカヌシを設定したというのである（廣畑輔雄『記紀神話の研究』）。

高天の原に登場する始元の神アメノミナカヌシが、中国経由の陰陽説や道家の思想を前提にした神であったことは、まちがいなかろう。だが、重要なのは、陰陽説や道家の説による太一や元始天尊の神格にインスパイアされながら、それを「アメノミナカヌシ」という古代ヤマトの言葉に翻訳したところだ。漢字文化を受け入れながら、独自なヤマト言葉の表記方法で神話を語る『古事記』の神話作者だからこそ創造しえたのが、「アメノミナカヌシ」という始元の神であったといえよう。

三・五・七の謎

さらに『古事記』の天地創世神話を読み進めると気になるのは、やたらと神々の数にこだわるところである。

冒頭のアメノミナカヌシ・タカミムスヒ・カムムスヒには「この三柱の神は……」と、三の数で分類する。続くウマシアシカビヒコヂとアメノトコタチが登場したあとには、「上の件《くだり》の五柱の神は……」と三プラス二で「五」の数をいう。

そして次のクニノトコタチの神、トヨクモノの神、さらに対偶神（男女神）のグループに入るウヒヂニの神・妹《いも》スヒチニの神、ツノグヒの神・妹イクグヒの神、オホトノヂの神・妹オホトノベの神、オモダルの神・妹アヤカシコネの神、イザナキの神・妹イザナミの神を一まとめにして「上の件の国之常立の神より下《しも》、伊耶那美の神より前《さき》を、幷《あは》せて神世七代《かみよななよ》といふ」と注記している。本来は別々の単独神と男女神とをあえて一緒のグループにしてまで、「七」という数を出してくるのだ。この三・五・七という数の整理の仕方へのこだわりは、いったい何をあらわしているのだろうか。

三・五・七の数は古代中国の聖数観にもとづくというのが通説である。三神は、天皇・地皇・人皇の「三皇《さんこう》」という神話上の三人の帝王。五神は、東西南北中央の五方の天帝である神。あるいは「北極五星」という天の中心の星神。そして七代は、北斗七星という星座や陰陽の「二気」と五行の「五気」の和という観念に通じるという説などもある。『古事記』が天地創世の神々を「三・五・七」という聖数で数え上げていく背景には、道教の神学教理や古代中国の呪術宗教思想信仰との関連をもつことが考えられるのである（福永光司『道教と日本思想』）。どうやら『古事記』には、『日本書紀』がベースにしている陰陽説よりもさらに新しい時代の中国思想が、巧みに取り込まれているらしい。『古事記』冒頭の天地創世神話からは、思いもかけないような、複雑な神話世界の広がりが見えてきた。陰陽説にもとづく『日本書紀』にたいして、一見、古代ヤマトの「ローカル」な神話であるように見せつつ、じつはその根底には、『日本書紀』よりもさらに巧みに中国的な思想が取り入れられているのである。表面的には中国的な発想を拒否しているように見せつつ、その裏側では、巧妙にそれを取り入れて「ヤマト化」していったといえよう。ここにこそ、「帝国」中国によるグローバリズムの時代のなかで作られた『古事記』の立ち位置があったのだ。

＊＊＊

アメノミナカヌシ・タカミムスヒ・カムムスヒ……。天地が始まったときに出現した始元の神たちの系譜。その最後に登場するのがイザナキ・イザナミという男女の神である。二神の結婚によって、この世界に「日本列島」が生まれ、さらに川・海・山・野・風や霧という自然の神々、そして火・金・土・水という自然の元素を表象する神たちが誕生してきた。そしてふたりの神によって、「生と死」の区別までも生まれた……。

しかしあらためて、イザナキ・イザナミとはどういう神なのか。その神話世界には、どのようなメッセージがこめられていたのだろうか。

「古事記偽書説」をめぐって

『古事記』成立の謎と偽書説

『古事記』が和銅五年（七一二）に作られたことは、教科書にも出てくるような歴史的事実である。しかし、その「事実」にたいして、これまでの何度も疑いが発せられていた。『古事記』は後に作られた偽書ではないか、と。

なぜそんな疑いがもたれるのか。『古事記』が和銅五年に作られたという情報は、その序文に記されているのだが、しかしその記録は、奈良時代の正史である『続日本紀《しょくにほんぎ》』にまったく出てこないのだ。一方、『日本書紀』のほうは養老四年（七二〇）五月条に、舎人親王たちによって撰上されたことがきちんと出てくる。正史に『古事記』の名前が記録されていないということが、本当に和銅五年に作られたかを疑わせる、一番大きな理由であった。

そこで和銅五年成立は嘘で、本当は平安時代初期に作られたものではないかという「古事記偽書説」が提示された。最初に唱えたのは、江戸時代後期の学者・沼田順義《ゆきよし》『級長戸風《しなとのかぜ》』である。その後、近代にはいって昭和四年（一九二九）の中沢見明『古事記論』、昭和三十年代の筏勲「古事記偽書説について」などが代表的である。さらに最近でも、大和岩雄氏の『新版 古事記成立考』が、『古事記』の成立をめぐる、さまざまな「疑い」を議論している。

だが、いわゆる「学界」の主流では、「古事記偽書説」はほとんど否定的だ。つまり『古事記』が和銅五年に成立したことは、間違いないというわけだ。とくに、それを決定づけたのが、昭和五十四年（一九七九）に奈良の茶畑から『古事記』の編纂者とされる太安万侶の墓誌が発見されたことであった。それを契機にして、「古事記偽書説」はほとんど終息してしまった。もっとも、太安万侶という人物の実在が確認されたとはいえ、その墓誌には『古事記』編纂のことは一言も記されていないし、依然として『古事記』和銅五年成立を客観的に証明する史料は見つかっていない。『古事記』が和銅五年に作られたという情報源は、冒頭に付されている「序」のみという事実は、いっこうに変わっていないのである。

そうしたなかで、最近ひとつの仮説が提示された。「〜であったのじゃ」というお惚《とぼ》け爺さんキャラの語り口で『古事記』を口語訳し、「古事記ブーム」の火付け役となった三浦佑之氏が、『古事記のひみつ』で開陳した説である。それはどんな説なのか。以下、三浦氏の説を紹介しよう。

「序文」は、平安時代の偽作？

『古事記』が正史の『続日本紀』に出てこないのは、それが律令国家のイデオロギーからはみ出してしまう「異質な書物」であることを意味する。その異質さは、『日本書紀』のような中国史書をモデルとする編年体ではないこと、正統な漢文体をくずして和文、とくに「語り」の表現を重視していること、あるいは「古層の女系系譜」を残していること、さらにヤマトタケルが、律令国家の正史にはふさわしくない、荒ぶる悲劇の英雄として描かれていることなどがあげられる。そこから三浦氏は、『古事記』は八世紀的な書物ではなく、それより前代の七世紀に遡る本文をもっていることを主張していくのである。

では、和銅五年成立を説く序文はどうなるのか。ここに三浦氏の大胆な仮説が提示される。すなわち、「和銅五年」を明記した序文は、平安時代初頭、九世紀前半にでっちあげられた偽作文書、というのである。そして偽作に携わったのは、太安万侶に繋がる太氏（多氏）の一族、直接的には多人長《おおのひとなが》の名前が挙げられる。彼が天武天皇の権威に拠った「序」を偽造することで、太氏（多氏）のなかに伝えられてきたフルコトブミ（元古事記）の権威化をはかったというのだ。かくして、『古事記』とは、正史が確定するまえにいくつも存在した「得体の知れない」歴史書のひとつ、という結論にいたるのである。これが三浦氏の仮説である。

ちなみに、『古事記』の序文が偽作ではないかという説は、江戸時代前期の国学者・賀茂真淵《かものまぶち》（一六九七〜一七六九）の論にもある。けっして突拍子もない議論ではなかった。もっとも真淵の弟子で『古事記伝』を書いた本居宣長（一七三〇〜一八〇一）は、当然、これを否定している。

偽書説への反論、残る課題

三浦氏が提示した「序文」偽作説は、その後研究者のあいだにもさまざまな議論を呼んだが、三浦説にたいして明確な反論を出した呉哲男氏の見解を紹介しておこう。呉氏の反論のポイントは以下のようになる（呉哲男「古事記の世界観」）。

序文が偽作されたとみる九世紀前半の弘仁《こうにん》期（八一〇〜八二四）とは、天武天皇の直系につらなる者たちを抹殺した桓武《かんむ》天皇の皇子・嵯峨《さが》天皇の治世である。そうした反天武系の時代風潮のなかで、太氏の一族が「天武天皇」の権威を持ち出すような序文を書くことは、自らにどんな危険が及ぶかわからない、自殺行為に等しい。したがって、そんな時代のなかで「天武天皇」の権威に拠りかかった序文をでっちあげることは、ありえない――。

呉哲男氏の議論にたいしては、大和岩雄氏からの反論も出るなど、いぜんとして、『古事記』の成立をめぐる謎は深まるばかりである。たしかに、その真実は、もはや「歴史」の彼方に消え去ったとしかいえないだろう。

ところで、われわれにとって「偽作」「偽書」というと、どうしてもマイナスのネガティブなものと考えやすい。それは近代の文献学にもとづく思考法だ。だが最近、注目が集まっている中世の世界を見てみると、そこはまさしく「偽書」「偽作」のオンパレードであった。そして現代の価値観から切り捨てられてきた中世の「偽書」「偽作」の膨大なテキスト群が、逆に近代的な思考法をこえる豊かな可能性を教えてくれている。こうした研究動向を踏まえるならば、「古事記偽書説」をめぐる議論も、別の視点から再考される必要も出てくるだろう。

II

イザナキ・イザナミの章——「性」の秘儀と「死」の起源

誘う男、誘う女……

大阪湾と播磨灘の境に浮かぶ島、淡路島。面積五九三平方キロメートル、人口約十七万五千人といった、ごくありふれた島である。だが、その島に鎮座する「伊弉諾《いざなぎ》神宮」（淡路市多賀）こそ、日本列島を生み出したイザナキ・イザナミを祭る聖なる社であった。

イザナキ・イザナミが淡路島に祭られることから、もともと二神は淡路地方の海人《あま》族が奉じる地方神ではなかったか、という説がある。国生み神話も、原型は彼らが伝えた「島生み」の神話にすぎなかったが、大和王権の成立過程のなかで統合され、『古事記』や『日本書紀』に見られる「大八嶋《おおやしま》」（日本列島）創生の国家神話へと拡大されていったとされる（岡田精司『古代王権の祭祀と神話』）。

その場合、イザナキ・イザナミの神名は、「磯凪《いそなぎ》・磯波」であるとか、海の霊（鯨とも）をあらわす「イサナ」に男・女を意味する

伊弉諾神宮

キ・ミが付いた名前とも解釈される。

イザナキ・イザナミの神話が、海に生きる海洋民たちに伝えられた伝承を背景にもつことは、たしかであろう。日本神話のなかでは、ウミサチ・ヤマサチの物語（Ⅵ章参照）とともに、潮の香りが漂う場所を舞台とする神話の代表といえる。

しかしイザナキ・イザナミの神名について、もうひとつ見過ごせない説がある。イザナキ・イザナミの「イザナ」は、誘うという意味のイザナフからきているという説だ（西郷信綱『古事記注釈』第一巻）。つまりふたりの神々は、それぞれ「誘う男」と「誘う女」という意味をもつ。

誘惑する男と女の神話……。そう理解したとたんに、イザナキ・イザナミの神話は、たがいに誘惑する男女という、きわめてセクシャルなイメージが、浮き上がってこよう。そう、『古事記』のなかで、このふたりこそ、最初に「性行為」をする神なのだ。

だが、イザナキとイザナミの性行為は、いきなり大きなアクシデントに見舞われる――。

古事記神話は差別的か

天つ神の命令を受けたイザナキ・イザナミは、天《あめ》の沼矛《ぬぼこ》（玉で飾った矛）を海中に指し降しかき混ぜると、矛の先から滴る塩が固まってオノゴロ島に成った。そして、イザナキ・イザナミはオノゴロ島に天降って、島に巨大な柱と宮殿を造った。そこでふたりは、お互いの体の出来具合をたしかめると、「みとのまぐあい」(性行為)をして、国を生むことにした。

巨大な柱を男神が左から、女神は右から回り、出会ったところで結婚しようと約束したが、柱をめぐって出会ったとき、女神のイザナミから先に「あなにやし、えをとこを(ああ、なんてすばらしいお方よ)」という愛情表現をしたために、骨なしの立つことのできない子=ヒルコや恥をかいた子=アハシマが生まれてしまった。ヒルコは「出来損ないの子」として葦舟に入れて流してしまう。

そこでふたりは天上に昇り、天つ神の占いによる指示にしたがって、あらためて男神のほうから先に「あなにやし、えをとめを(ああ、なんと可愛い子よ)」とやり直した。すると今度は、ちゃんとした子どもたち=「大八嶋」日本列島の国々、島々が生まれた。「女人《をみな》の言先《ことさきだ》ちしは良くあらず(女性から声を先に掛けたのはよくない)」というわけだ。

それにしても、女神から先に言葉を掛けたために出産に失敗したとは、なんとも女性蔑視的な内容ではないか。その背景には、中国の儒教思想の「夫唱婦随」=女性は男性の後に従うべきだという考え方が影響しているとも、『万葉集』に「言先立てし君をし待たむ(先に声を掛けてくれたあなたをこそ、私はお待ちいたします)」(巻十・一九三五)という男が先に声をかけるといった歌があるところから、日本古来の風習なのだという意見など、議論がわかれるが、いずれにせよ、『古事記』の神話は女性差別的だという非難が出てきそうな、問題の場面である。

しかし、ほんとうに『古事記』は女性差別なのだろうか。

あらためて、「女性差別」という観点の成り立ちを考えてみると、その前提になっているのは、人間はすべて平等であるという近代思想であった。人間は男も女も平等だという近代的な価値観が出来上がるから、女性差別という批判が出てくるのだ。だとすれば、近代以前の八世紀＝古代に作られた『古事記』の神話に、そうした近代的な価値観を押し付けて、差別的だと避難するのは片手落ちではないだろうか。あくまでも『古事記』は、古代に成り立った神話テキストなのだから。イザナキ・イザナミの結婚神話には、「差別」という近代的な観点だけでは見えてこない、神話の深層が秘められていると考えるべきだろう。

その深層を探る、キーワードが「妹《いも》」という言葉である。

兄妹婚神話という古層

イザナキ・イザナミの系譜を語るところ、『古事記』の原文では「次に伊耶那岐《いざなき》の神。次に妹伊《いもい》耶那美《ざなみ》の神」とある。イザナキは「妹」であった。もちろん古代では「イモ」（妹）は、恋人や妻のことを指すと説明されるが、それは万葉歌などの歌の場合とされる。歌ではなく、系譜を記す地の文で「妹」とあるのは、「妻」であると同時に「イモウト」の意味として理解しなければならない。ということは、最初の夫婦神となるイザナキ・イザナミの結婚は、兄と妹の近親結婚と見なせるのである（西郷信綱『古事記研究』）。

イザナキとイザナミの結婚を近親婚とみなしたとき、最初に「出来損ないの子」が誕生したというのも、例の近親婚をめぐる生物学的な説とも照応してくるだろう。だが、問題はあくまでも「神話」の発生から考えねばならない。（保坂達雄『神と巫女の古代伝承論』）

ここで世界の創世神話に、近親婚の神話が多く伝えられてきたことを思い起こそう。有名な『聖書』のアダムとイヴでさえ、近年発見された「死海写本」の異伝では、兄と妹の関係として伝わっていたという。そして興味深いのは、最初に生まれた子が「出来損ない」という出産の失敗を語る神話が、東南アジア、沖縄諸島に伝わった神話に数多くあることだ。

津波や洪水、火山の噴火などで村が滅んだ後、兄と妹だけが生き残った。ふたりは村を再興するために結婚し、子どもを作ったが、最初はシャコ貝や蛇の子といった、人間ならざるものが生まれた。それを何度か繰り返しているうちに人間の子どもが生まれ、その子孫によって村はふたたび栄えたという神話である。「兄妹始祖神話」と呼ばれるものだ（古橋信孝『神話・物語の文芸史』）。

どうやら、国土創生を語るイザナキ・イザナミの神話は、東南アジア諸地域に広がる、兄妹始祖神話の類型のなかにあったようだ。最初に生まれた子が流され、棄てられたという展開（出産に失敗した）は、兄妹婚神話のパターンであったのである。『古事記』の文脈の表層では、「女人の言先ちしは良くあらず」という夫唱婦随の儒教的価値観を表明しながら、そうした価値観とは異なる、兄妹始祖神話という「深層」が潜んでいた。「妹」という言葉が、その深層からのメッセージを発信してくるのである。ここにも「帝国」中国のグローバルの価値観（儒教倫理）を受け入れつつ、それとは違う神話を作り出そうとする『古事記』のテクニックを見てとることができよう。

なお、中国的な思想をスタンダードとする『日本書紀』正文では、イザナミを「妹」と呼ぶことは一切ない。そしてイザナキによる「吾は是男子《をのこ》なり。理《ことわり》先づ唱ふべし」と露骨な夫唱婦随の表現をしている。もっとも陰陽説によれば、陽＝天が先に出来て、陰＝地が後から出来たとなっている。したがって「男子」＝陽神が先に「唱ふべし」とあるのは、陽が先に活動を起こすという陰陽説にもとづく。それが「理」であった。したがって、『日本書紀』にたいしても、近代的な女性差別という批判をもちだすのはあたらない。

さらに『日本書紀』が、イザナミを陽神・陰神と表記したことは、思いがけないような神話の展開を導くことになる。それは先に進んでから解き明かすことにしよう。

なぜ近親相姦はタブーか

しかしそれにしても、世界の神話には、なぜ近親婚・兄妹婚の物語が多いのだろうか。そして神話には近親婚がおおっぴらに語られながら、どうして人間の社会では近親婚はタブーとされてきたのだろうか。

人間はなぜ近親婚をタブーとしたかという問いに絶対的な「解答」を得ることは、不可能に近い。普通には、生物学・遺伝学上の説明がなされるか、または「自然」から「文化」への転化、人間の家族生活・社会生活の維持のためといった説明が様々になされてきた。「近親婚はなぜタブーか」

を問うことは、そもそも人間とは何かという問いと同じくらい、永遠の謎かもしれない。とりあえず「神話学」の立場からは、次のような解答を導くことができる。

神話のなかで近親婚が多いのは、近親同士の結婚が神にだけ許された特権的な結婚であり、それをすることが「神」の自己証明でもあった。したがって、神々とは異なるわれわれ人間の社会では近親婚は禁止される。人間は神々の真似をしてはいけない、という神にたいする禁忌の意識と近親婚のタブーとは表裏一体なのだ。近親婚をするのは、神々へのタブーを犯すことと同じになるのである。それゆえ、人間が近親婚をしたために悪い結果が起きるのは、まさしく神へのタブーを破ったため、ということになろう。イザナキ・イザナミの結婚神話で最初に「出来損ないの子」が生まれるのは、そうしたタブーを人間たちに教えるメッセージなのである。

ちなみには「アラヒトガミ」を名乗ってきた天皇家は、「神」たることの自己証明として近親結婚を続けてきたが、敗戦によって「人間宣言」をした以降は近親結婚をしていない。この事実は、天皇家がまさしく「神話」を生きてきたことを明かしてくれよう。

「成り成りて成り合はざる……」

さて、あらためて『古事記』のイザナキ・イザナミの結婚神話を読み直してみると、そこにはきわめて呪術的な色彩が濃厚であることに気付かされる。それを感じ取るために、原文（読み下し）

を読んでみよう。

ここに、その妹《いも》伊耶那美《いざなみ》の命《みこと》に問ひて、「なが身はいかにか成れる」と曰《の》らししかば、「あが身は、成り成りて成り合はざる処一処《ところひとところ》あり」と答へ白《まを》しき。しかして、伊耶那岐《いざなき》の命の詔《の》らししく、「あが身は成り成りて成り余れる処一処あり。かれ、このあが身の成り余れる処をもちて、なが身の成り合はざる処に刺し塞《ふた》ぎて、国土《くに》を生み成さむとおもふ。生むこといかに」。伊耶那美の命の答へ曰《まを》ししく、「しか善《え》けむ」。しかして、伊耶那岐の命の詔らししく、「しからば、あとなとこの天《あめ》の御柱《みはしら》を行き廻《めぐ》り逢《あ》ひて、みとのまぐはひせむ」と、かく期《ちぎ》りて、すなはち「なは右より廻り逢へ。あは左より廻り逢はむ」と詔らし……。

〔ここでイザナキが、妹イザナミに「お前の体はどのように出来ているのか」と問うと、イザナミは「わたしの体は、出来上がっていて、出来きらないところが一箇所あります」と答え申した。そこでイザナキがおっしゃったことに、「わたしの体には、出来上がっていて、出来すぎたところが一箇所ある。だから、このわたしの出来すぎたところ（男性器）で、お前の体の出来きらないところ（女性器）に挿し塞《ふさ》いで、国土を生もうと思うが、どうだろうか」。イザナミは「それはよいこと」と答え申した。そこでイザナキのおっしゃったことに「それならば、わたしとお前とで、この天の御柱をめぐり回って、性交をしよう」と、そのように約束して、「お前は右から廻って会いなさい。わたしは左から廻ってお前に会おう」とおっしゃって……。」

（『古事記』上つ巻）

性器や性交をダイレクトに語るところから、古代人のおおらかさや素朴さが取りざたされるところだが、性器の表現が「成り成りて成り合はざる処」（女性器）、「成り成りて成り余れる処」（男性器）といったように、わざわざ「成り」という言葉を繰り返すところに注意しよう。

『古事記』では「成り」は、「高天の原に成りませる神」「みな独神と成りませる」といった、神々の誕生にかかわる重要語句だ。そこには自然のうちに何かが生成してくるという、呪術的なニュアンスが込められていた。いうまでもなく、性器を「成り成りて……」と表現することには、性器による交渉結果が「成り」をもたらすこと、すなわち国土や神々の生成（出産）に至ることを前提にしていたのである。

さらに「成り」の語句が「成り成りて成り合はざる……」と反復される表現。「成り」の語句を繰り返すことで言葉のリズムが生じる。それは詩の言葉、技法ともいえるが、語句の反復が「チチン・プイプイ」など呪文に多く見られるように、「成り成りて……」には呪文的な力が込められているのだ。だから「成り成りて……」と表現される性器は、もはや普通の性器ではなく、まさしく神秘的なパワーを付与されるのである。そしてその性器を行使すれば、りっぱな子どもが出産できるという呪術の働きをもつわけだ。

また男女神がそれぞれ左と右から天の御柱を廻るという所作も、呪術的な祭儀を前提にしていることは明らかであろう。関東、東北地域に伝わった、全裸となった夫婦が四つ這いになって囲炉裏《いろり》を旋回しながら、互いの身体・性器の特徴をコトアゲする歌（呪文）を掛け合い、それによって穀物の生育を予祝するという儀礼との繋がりが指摘されている（安田尚道「イザナキ・イザナミの神話とアワの農耕儀礼」）。日本の民俗祭祀のなかには、性行為の模擬によって穀物の豊かな実りを促進させる呪術祭儀は「カマケワザ」と呼ばれ、広く見られる。イザナキ・イザナミ神話の背景に、そうした祭祀行為があることはたしかだろう。そしてその中心となるのが、問題の「あなにやし……」という唱えごとであった。

呪文のオモテとウラ

ふたりが言葉を発する、その場面の原文（読み下し文）を見てみよう。

約《ちぎ》り竟《を》へて（天の御柱を）廻る時に、伊耶那美の命先ず、「あなにやし、えをとこを」と言ひ、後《のち》に伊耶那岐の命「あなにやし、えをとめを」と言ひ……。

（『古事記』上つ巻）

このシーンについて折口信夫《おりぐちしのぶ》は、聖なる成婚式のときに男女が相向かってこの詞（呪文）を唱えたが、そうした呪文の起源がこの神話の場面であったと論じている（「日本文学の発生・序説」）。「あなにやし……」の言葉は、成婚式の呪文ということになる。

　呪文を発するには、なんらかの身体動作が伴う。神話のなかでは、「天の御柱」を女神は右から、男神は左から回るときに、この「あなにやし……」の言葉を掛け合う。そしてそれは女神が先に掛けるのではなく、男神から先に発するという順番が決まっていた。ということは、女神が先に発したために不良児が生まれたのは、唱える順番をまちがったために、子作りに失敗したということになろう。呪文の掛け方をまちがえると子作りに失敗する。だから正しく男のほうから呪文を発しなさい、というメッセージが、神話の深奥から発せられているのである。

　呪文の掛ける順番をまちがえたという解釈は、もっと深読みできそうだ。この場面、呪文の順序をまちがえたのではなく、わざと意図的に順番を逆にしたと考えるとどうなるか。すなわち、意図的に女から先に発すると、正常な出産にたいして逆の結果をもたらす力が発揮される。呪文を逆にすると、子どもを堕胎できるという効果である。ちなみに民俗社会に伝わる避妊や堕胎の呪法は、妊娠・出産祈願の呪法の裏返し・逆にする例が多い（青柳まちこ「忌避され性」）。最初の子どものヒルコが流し棄てられるとは、堕胎された子どものイメージも呼び起こそう。

　イザナミが先に声を掛けたために出産に失敗した。だが、その神話は、意図的に順序を逆にすれば、堕胎することができる「ウラの呪文」の起源を語っていたのではないか。神話には、正常な出産を促進させるオモテの呪術とともに、堕胎させるウラの呪術の起源も隠されていたのである（斎藤英喜「神のことば、声のことば」）。

呪術としての音声

『古事記』の原文では、「あなにやし、えをとこを」という言葉は、すべて漢字一字一音で書かれている。八世紀にはまだ平仮名はないからだ。こんなふうに『古事記』は表記する。

阿那邇夜志　愛袁登古袁（あなにやし　えをとこを）
阿那邇夜志　愛袁登売袁（あなにやし　えをとめを）

ここではそれぞれの漢字は意味ではなく、ただ音として使われている（ただし「愛」の字は「え」という意味もふくまれる）。一般に「万葉仮名」と呼ばれる表記法である。『古事記』には、こうした漢字を音として使った表記法がけっこう多い。

一方、同じところを、『日本書紀』はどう表現しているだろうか。

憙哉、遇可美少男焉（あなうれしゑや　うましをとこにあひぬること）
憙哉、遇可美少女焉（あなうれしゑや　うましをとめにあひぬること）
（『日本書紀』神代上・第四段・正文）

こちらもお互いを誉める言葉だから内容の違いはない。だが、『日本書紀』の「憙」「遇」「美少男・美少女」という漢字・熟語は、それぞれの意味に適した使い方をしている。こちらは古代中国人が読んでも意味が理解できる表現なのだ。それにたいして『古事記』の漢字の使い方は、古代ヤマトの言葉の音声を伝え残すことを目的としていた。『古事記』にはヤマト言葉の音声を重視する、そのこだわりが強くあるのだ。

いうまでもなく、その音声重視のあり方は、「あなにやし……」という言葉が呪術的な力を発揮する呪文であったことと繋がる。呪文はなによりも言葉の音が必要なのだから。

さらに細かいところを指摘しておこう。『古事記』では、「あなにやし……」の言葉をイザナキ・イザナミが発するとき「伊耶那美の命先ず、「あなにやし、えをとこを」と言ひ……」と「言」の漢字を使っている。これは「イフ」と訓《よ》む。現代語の感覚では「イフ」は、日常会話の発声を示す動詞となるが、古代ではイフは、和歌や呪文などの非日常的な言葉を発するときに使う動詞でもあった。イフの語幹の「イ」は、イム（忌）、イハフ（祝）、イツク（斎）、イノル（祈）などにも通じる語。神にかかわる神秘的な行為をしめす意味が「イ」にはこめられているのだ。

『古事記』は、言葉の音声への強いこだわりがあることを、ここで知っておこう。音声にこめられた呪的な力を重視する神話テキストといってよい。

「黄泉つ国」で何があったか

大八嶋国を生み出したあと、イザナキ・イザナミ二神は、続けて川や海、野原や風、霧といった自然の神々を生み出し、さらに火神ヒノカグツチを生む。だが、火の神を出産したためにイザナミは女性器に火傷を負い、病にふせてしまう。そのときの嘔吐からカナヤマビコ・カナヤマビメという金の神、糞にハニヤスビコ・ハニヤスビメという土の神、そして尿からはミツハノメという水の神が出現してくる。けれどもイザナミは、火傷が原因でついに死んでしまう。神の死である。死んだイザナミは黄泉《よも》つ国へと赴くが、妻を恋しがるイザナキは彼女を連れ戻すために、黄泉つ国まで出向いていく。

ここで「黄泉つ国」を舞台とする、あらたな物語の幕があく——。

黄泉つ国に到着したイザナキは、イザナミに、もう一度この世に戻って、国作りを続けようともちかける。だが、イザナミは、すでに黄泉つ国の竈《かま》で作った食事をしてしまったので、帰ることは難しい、けれどもせっかくあなたが迎えにきてくれたので黄泉つ神と相談してみましょう。でもそのあいだは「あをな視たまひそ」——、ぜったいに私を見ないように、と注意する。

昔話の「鶴女房」(鶴の恩返し)や「蛤《はまぐり》女房」などでもお馴染みの「見るなのタブー」の物語である。またギリシアのオルフェウス神話とも共通するモチーフである。そして昔話やオルフェウス神話がそうであるように、神話のイザナキも「見るな」の約束を破って見てしまう。イザナキが見たのは、蛆がたかって腐っていくイザナミの死体であった。さらに死体には、無数のイカヅチ神が生成していく。イザナキは死体の恐ろしさのあまり黄泉つ国から逃げ帰ってくる。死体を見られたイザナミは「私に恥をかかせたな」と怒り、イザナキを追跡してくる。

イザナキは、イザナミの命令を受けて追いかけてくるヨモツシコメやヤクサノイカヅチ神たちなど死の国の悪霊たちをことごとく撃退しながら、ようやく黄泉つ国と葦原の中つ国との境界＝「黄泉つひら坂」まで逃げ帰ってきた。このときイザナキが、桃の実を三つ投げると、追っ手の黄泉つ国の兵隊たちはことごとく逃げていった。イザナキは、自分を救ってくれた桃の実にオホカムヅミという名前を授けた。

いよいよ最後にイザナミ自身が追いかけてきた。イザナキとイザナミは、黄泉つ国との境界で大きな岩をはさんで離別をする。それは同時に、生と死との絶対的な区別を意味した。ここに『古事記』神話は、人間世界における「生と死」の起源を語るのである。

イザナミが発する呪詛

だが、あらためて『古事記』の文章をじっくり読んでみると、そこに語られる「死」の起源はとんでもなく恐ろしい。

しかして、千引《ちび》きの石《いは》をその黄泉《よも》つひら坂に引き塞《さ》へ、その石を中に置きて、おのもおのも対《むか》ひ立ちて、事戸《ことど》を度《わた》す時に、伊耶那美の命の言《の》らししく、「愛《うつく》しきあがなせの命。かくせば、ながが国の人草《ひとくさ》、一日《ひとひ》に千頭《ちがしら》絞《くび》り殺さむ」しかして、伊耶那岐の命の詔《の》らししく、「愛しきあがなに妹《も》の命。なれしかせば、あれ一日に千五百《ちいほ》の産屋《うぶや》立てむ」ここをもちて、一日に必ず千人《ちたり》死に、一日に必ず千五百人《ちいほたり》生《うま》るるぞ。

黄泉つひら坂の伝説地と千引の岩（島根県東出雲町）

〔そうして、千人で曳《ひ》くほど強大な岩を、その黄泉つ国と境界に引きふさいで、その岩を中に置いて、お互いに向かいあって、夫婦の離縁の言葉を発するときに、まずイザナミが「いとしいわが夫よ。離縁するならば、あなたの国の人民を、一日に千人、首を絞めて殺そう」とおっしゃった。次にイザナキは「いとしいわが妻よ。あなたがそうするならば、わたしは一日千五百人生まれる産屋を作ろう」とおっしゃった。〕

（『古事記』上つ巻）

イザナキとイザナミの別離によって、人間世界は一日に千人死に、一日千五百人ずつ生まれることになった……。

まさに生と死の始まりである。

しかしこの場面からわかるのは、われわれの死とは、たとえ病気で死のうが、寿命がつきて死のうが、すべて最後はイザナミに首を絞められて死ぬのである。イザナミに殺されるのだ。これは想像してみると、なんとも恐ろしい。まるで離別していくイザナキにたいする恨みが「絞り殺さむ」と、そのまま人間たちにも向けられていくかのようだ。

いや、まさしくイザナミは人間たちへの呪いめいた言葉を使っている。人間たちを「なが国の人草」と呼ぶところだ。

イザナミが発した「人草」は、人民をあらわす漢語「蒼生《そうせい》」の翻訳語＝「青人草《あおひとくさ》」と類似する語である。「青人草」には、青々と繁茂する草のように栄えていく人間たちというイメージがこめられる。それにたいして、ここでイザナミがわざわざ「青」の一文字を省いて「人草」と呼ぶのは見過ごせない。「青」を消し去ることで、青々と繁茂する草にたいして、枯れてゆく草のような人間たちへの呪詛をこめると解釈できるからだ（西宮一民『新潮日本古典集成 古事記』頭注）。まさに文字を駆使した呪術だ。

ところで、イザナキ・イザナミの結婚の秘儀のシーンでは、「あなにやし……」とヤマト言葉の音声を重視する呪術が駆使された。それにたいして、黄泉つ国を舞台とする神話では、文字をベースにする呪術が用いられるのである。

音声の呪術と文字の呪術。それは『古事記』の文体ともリンクしよう。『古事記』の文章は、漢字の文字を使用しながら、『日本書紀』のような純粋な漢文体ではなく、ヤマト言葉の音声を重視した独特な文体を作り出した。呉哲男氏の言う、外来の文字（漢字）を用いながらも潜在的には自分たちヤマトの音声言語である「ことば」を表示しようとする『古事記』の表現技法である（呉哲男『古代日本文学の制度論的研究』）。

そこであらためて注意したいのは、イザナミが赴いた「ヨモツクニ」が「黄泉国」と漢字表記されていたことだ。

ヨミを「黄泉」と表記したこと

ヨミの語源については、死者の魂が帰る「ヤマ」＝山中他界説から来ているという説、あるいは暗闇の死後世界である「ヤミ」が転じたという説などがあるが、確定していないようだ（ヨモツクニの「ヨモ」はヨミの母音変化）。しかし、ヨミが、死者の住む他界をあらわす古代ヤマトの言葉であることはまちがいないだろう。

ではなぜヨミは「黄泉」と書きあらわされたのか。「黄泉」の文字の音は、どう読んでもヨミとは読めない。漢字の音ではない、別の認識からヨミは「黄泉」と書かれたのである。

よく知られているように、漢語の「黄泉《こうせん》」は、中国の民間信仰で、地下にある死者の国＝他界の意味とされる（『春秋《しゅんじゅう》左《さ》氏伝《しでん》』や『文選《もんぜん》』など）。そこでヤマト言葉の「ヨミ」と中国の「黄泉」の内容が似ていたので、イザナミが赴く他界のヨミは「黄泉」と表記された。死者が行く他界は地下にあるという世界観が共通するので、ヨミは「黄泉」と書かれた、と説明されるのである。

しかし、最近の研究では、『古事記』が描く「黄泉つ国」は、けっして地下にある他界ではなく、地上の葦原の中つ国と同一平面状にある、周辺的な世界という解釈が提示されている（神野志隆光『古事記の世界観』）。たしかに『古事記』の文脈だけでは、黄泉つ国が地下にあるかどうかは確定できない。つまり黄泉つ国が地下の他界とイメージされるのは、ヨミが「黄泉」と書かれたために、漢語の「黄泉」の内容に引っ張られたと理解できるのである。ここからは、黄泉つ国を舞台とするイザナキ・イザナミの神話には、中国的な思想や世界観がけっこう影響を与えているのではないか、と推測ができよう。

じつのところ『古事記』の黄泉つ国神話は、中国の六朝時代（四～五世紀）に作られた霊鬼譚や幻覚譚と似ているところが多く、漢籍の知識の影響が見られるという指摘がある（松前健『日本神話の新研究』）。

たとえば東晋時代の干宝が編纂した志怪小説集『捜神記《そうじんき》』にこんな話がある。談生という男がある夜、絶世の美女と出逢ったが、女から、自分の体を明かりで照らしてはならぬと約束させられた、しかし我慢できず照らすと下半身はひからびた白骨だった。男が約束を守らかったので美女はあの世に戻った……という。なるほどこれはイザナミの神話とよく似ていよう。黄泉つ国の神話はけっして古代ヤマトのオリジナルとはいえないようだ。

さらに興味深いのは、イザナキの黄泉つ国脱出を助けた「桃」のエピソードである。

桃の実の呪力とは

イザナキが黄泉つ国から脱出できたのは、桃の実のおかげであった。その場面、原文で見てみよう。

黄泉つひら坂の坂本に到りましし時に、その坂本なる桃の子《み》を三箇《みつ》取らして待ち撃ちたまひしかば、ことごと坂を返りき。しかして、伊耶那岐の命、桃の子に告《の》らししく、「なれ、あを助けしがごとく、葦原《あしはら》の中つ国にあらゆるうつしき青人草《あおひとくさ》の、苦しき瀬に落ちて患《うれ》へ惚《なや》む時に助くべし」と告らし、名を賜《たま》ひて意富加牟豆美《おほかむづみ》の命といふ。

〔黄泉つ国とこの世の境界の坂に辿り着いたとき、その坂の麓に生っている桃の実を三つ取って、追いかけてくるイカヅチ神や黄泉つ国の兵隊たちを待ち受けて、桃の実を投げつけると、兵隊たちはことごとく坂から黄泉つ国へと逃げ帰っていった。そこでイザナキは、桃の実にむかって、「お前は私を助けたように、葦原の中つ国のすべての生ある人間たちが苦しい目に遭っているときに助けるがよい」と仰せになった。そして桃の実に名前を授けてオオカムヅミと名付けた〕

（『古事記』上つ巻）

しかし、どうして桃の実にそんな力があるのだろうか。この場面は、はやく津田左右吉や高木敏雄といった近代の神話研究者たちも注目している。

京都・平安神宮で再現された追儺

彼らの研究によれば、「桃」とは中国伝来の果物であり、邪気を祓う霊物であると同時に、長生不老の仙果であったという。その信仰は、中国の道教思想の系譜にたどり着く。そして邪気というマイナスのエネルギーが具体的な姿として表現されたのが「鬼」だった。したがって、イザナキが桃の実を投げると黄泉つ国の軍隊が退散するのは、彼らが異界の鬼としてイメージされたことを暗示する。

ちなみに『日本書紀』の一書〔第九〕では、この場面について「此《これ》、桃を用《も》ちて鬼を避《やら》ふ縁《えに》なり」と注記している。その思想は中国の『芸文類聚《げいもんるいじゅう》』や『春秋左氏伝』にも見られるもの。また奈良時代から行われた「大儺《たいな》」（追儺《ついな》）という鬼やらいの宮中儀式では、桃の枝の弓や杖を使って鬼を追っ払う。追儺は後の節分に繋がるが、起源はやはり中国にあったのである（斎藤英喜『陰陽道の神々』）。

さらに忘れてはならない、有名な昔話がある。そう、「桃太郎」だ。昔話の鬼退治の少年はかならず桃から生まれた「桃太郎」であった。リンゴ太郎とかスイカ太郎というのは存在しない。「桃」から生まれた桃太郎だからこそ、鬼を退治することができる。桃太郎もまた、そのルーツは道教思想にあったことになろう（高木敏雄「英雄伝説桃太郎新論」）。ちなみに、その説を最初に述べたのは江戸時代の読本作家・滝沢馬琴であるという。イザナキが、人間たちが苦しい目に遭ったら助けてやれと、名前を与えた桃の実＝オホカムヅミとは、じつに桃太郎の「先祖」だった……。

それにしても、黄泉つ国を舞台とする『古事記』の神話世界は、中国思想、とくに道教的な色合いが強いことが、以上のことから見えてこよう。単純にヤマトの「ローカルな神話」というだけでは収まりきれない世界が、ここには凝縮しているのである。

「今、出雲の国の伊賦夜坂といふ」

中国の道教系の思想をベースにする黄泉つ国の神話世界。その黄泉つ国への入り口であり、仙木・桃の木が立っていた「黄泉つひら坂」について、『古事記』はこう注記する。

かれ、そのいはゆる黄泉つひら坂は、今、出雲《いづも》の国の伊賦夜坂《いふやさか》といふ。

黄泉つ国への入り口は、なんと出雲の国にあるというのだ。『古事記』のなかには、神話世界に語られたことを「今」の事象、地名と結びつけて注記することが少なくない。まさに神話とは、この現在にあることの起源・由来を物語るのである。

「出雲の国の伊賦夜坂」については、『出雲国風土記』意宇《おう》郡の「伊布夜社《いふやのやしろ》」（八束郡東出雲町揖《い》

伊布夜社（揖屋神社）

屋町《やまち》）が鎮座するあたり、あるいは同じ風土記・出雲郡の「脳《なづき》の磯《いそ》」にある洞窟が「俗人《くにひと》、古《いにしへ》より今に至るまで、黄《よ》泉《み》の坂・黄泉の穴」と伝わることから、『古事記』の「黄泉つひら坂」として有力視されている。出雲の土地側にも「黄泉つひら坂」にかかわる伝承があり、それを『古事記』の神話作者が注記として引用したことが考えられよう。

なお「脳の磯」にある洞窟は、今も「猪目《いのめ》の洞窟」と呼ばれ、かなり大きな洞窟が海岸ぞいにある。昭和二十三年、洞窟のなかから縄文・弥生期の副葬品とともに十三体以上の人骨が発見された。かつての「風葬」の遺跡であったらしい。黄泉つ国への入り口とされる理由もうなずけよう。

だが問題は、黄泉つ国への入り口の洞窟が「出雲の国」にあったという認識である。それは、『古事記』の神話世界においてどういう意味をもつのだろうか。

中国の道教系の世界に彩られた黄泉つ国の神話が、『古事記』のなかでもっともローカルな神話世界の舞台となる「出雲」に結び付けられること。ここでも『古事記』が、中国の思想をうまい具合に取り込んでいくところを見ることができよう。なお出雲と結び付けられる「黄泉つひら坂」は、後に出雲の神王となるオホクニヌシの神話と密接に繋がっていくのである（Ⅳ章一一二頁「「大国主」の誕生」参照）。

「黄泉つ国」に行かないイザナミ

このように、イザナキ・イザナミの黄泉つ国の神話は、一般にも広く知られる日本神話のエピソードといえよう。しかしこの神話は、厳密にいうと、『古事記』だけに伝えられているものなのだ。もちろん『日本書紀』の一書にも、断片的なものはあるが、肝心の『日本書紀』の正文では、黄泉つ国神話はまったく出てこないのだ。なぜか。『日本書紀』の正文神話では、イザナミは死なないからだ。イザナミの「死」が語られないので、必然的に黄泉つ国のエピソードもない。

あらためて、『日本書紀』正文では、どうしてイザナミの死は語られないのか。

繰り返し述べているように、『日本書紀』の正文は、中国の陰陽説にもとづく神話世界を構築していた。したがって、『日本書紀』では女神のイザナミは「陰神」、男神のイザナキは「陽神」と表記され、陰陽の世界観のなかに配当されている。両神の結婚とは、まさしく陰陽の結合を意味したのである。陰と陽の相反する気の対立・和合によって世界は生成していくという思想である。それゆえ、もしイザナミ＝陰神が死んでこの世から去ると、陰陽のバランスが崩れ、世界そのものが消滅してしまうのだ。だから陰陽説にもとづく『日本書紀』正文では、陰神イザナミは死なないし、黄泉つ国のことも語られないのだ。一方、『古事記』は陰陽説とは関係がないので、イザナミは死に、黄泉つ国へと去る（神野志隆光『古事記と日本書紀』）。

こうした『古事記』と『日本書紀』神話の違いから、何が見えてくるのか。中国の伝統的思想である陰陽説を受け入れ、それにもとづく神話を構築する『日本書紀』は、当時の「帝国」たる中国と同じ知的レベルの神話を作ろうとする意思が読み取れる。まさしくグローバル・スタンダードをめざす神話である。これにたいして、イザナミの死から黄泉つ国の神話を語る『古事記』は、陰陽説というグローバリズムに対抗する、ローカルな神話をめざしたといえる。

もちろん、『古事記』が構築する「ローカル」な世界のなかには、うまい具合に取り込まれた中国的な思想（道教）を見ることができた。ストレートに中国ふうを取り入れる『日本書紀』にくらべて、『古事記』はかなり巧妙な「ローカル」な神話世界といえよう。

さて、陰陽説とは違う『古事記』のなかでは、死んだイザナミは、「死」によって成長する神の姿を見せてくれる。それはどういうことか。

「大神」となるイザナキ・イザナミ

黄泉つ国を舞台とした神話の結末は、「かれ、その伊耶那美の神の命を号《なづ》けて、黄泉津大神《よもつおほかみ》といふ」と記し、イザナキとともに国生みを果たした女神が、最終的には死の国の「大神」に鎮座することで終わる。生産と豊饒の女神が地下の死の国の支配神となるのは、ギリシア神話の女神なども共通するテーマであろう。

『古事記』の神話世界では、主人公として活躍した神たちは、その物語の結末で「大神」の呼称を得る場合が多い。それは「命」と呼ばれる物語の神から、「大神」という祭られる神への変貌ともいえる。また「大神」の呼称は、神話の物語をへることで、神たちが「成長」していったことを暗示していた。イザナミは「黄泉津大神」と呼ばれることで、死の国を支配する最高神へとレベルアップしたのだ。

では、もう一方のイザナキはどうか。彼もまた、黄泉つ国から帰還し、イザナミとの別離を果したあと、「伊耶那岐の大神」と呼ばれる。イザナキもまた、大神としてレベルアップしていくのだ。そこには黄泉つ国＝他界での「死」のイニシエーションを経験し、あらたな存在へと変成するシャーマニックな構造を見ることもできよう（アンダソヴァ・マラル「古事記の他界観とシャーマニズム」）。

成長する神々の神話世界。それを作り出すのもまた、陰陽説＝グローバリズムとは異質な『古事記』の神話ロジックではないか。それをさらに続く『古事記』の神々の世界からたしかめていこう。

さて、イザナキは黄泉つ国で付着した、死の国の「穢れ」を禊祓《みそぎはら》うために筑紫《つくし》の日向《ひむか》の橘《たちばな》の小門《をど》のアハキ原に赴き、そこで禊をした。禊の果てに、イザナキは三人の尊い子神を得る。死の穢れを洗ったとき、左の目からはアマテラス、右の目からはツクヨミ、そして鼻からスサノヲが誕生してきたのである。

穢れの除去から生まれた三柱の神たち。ここから『古事記』の神話世界は、アマテラスとスサノヲという、ふたりの神たちを中心にして、あらたな物語が始まっていく（なお、ツクヨミは『古事記』ではまったく活躍しない）。

次の章では、スサノヲにスポットをあてて、その神話世界の深層に迫ってみよう。

ヒルコのその後と「中世日本紀」

流されたヒルコの運命は

『古事記』『日本書紀』のなかで、流し棄てられたヒルコ。不幸な子神のその後の運命については、『記』『紀』ともに何も記していない。彼のその後は杳《よう》として知られないのだ。

ところが南北朝時代、ヒルコのその後について語るものがあらわれた。貞和四年（一三四八）の冬、ある事件に際して、平野社の神主である卜部兼員《うらべのかねかず》という人物が、朝廷のお歴々を相手に『日本書紀』について説明したのだが、そのなかで兼員は「蛭子《ひるこ》と申すは、今の西宮の大明神にて坐す」と述べている。これは『太平記』のなかに記された一場面だ。

両親によって流されたヒルコは、今の西宮の大明神、すなわち戎《えびす》神社でエビス神として祭られている――。ヒルコはエビス神へと変貌したのである。どういう経緯でそうなったか兼員の言葉からはわからないが、別の伝えでは、葦舟に入れて流されたヒルコが、やがて広田神社に漂流して、そこで夷三郎の名前で祭られたともいう（『源平盛衰記』）。あるいは、流されたヒルコは龍宮に行き、龍神に育てられて、後にアマテラスと「再会」（『日本書紀』ではアマテラスと一緒に生まれた）するという話もある（『神道集』）。

西宮神社（兵庫県西宮市）

親に棄てられ、流されたヒルコは、西宮神社に漂着し、エビス神として再生し、あるいは龍神によって養育された……。なんとも傑作な後日譚ではないか。しかし現代から見れば荒唐無稽ともいえる『記』『紀』神話の後日譚が、中世という時代にあっては、至極真面目に語り伝えられていたのだ。近年の研究では、こうした中世の神話世界を「中世日本紀」と呼ぶ。近代的な価値観からは、荒唐無稽、牽強《けんきょう》付会《ふかい》として退けられた中世の膨大な神話解釈やテキスト群を、『記』『紀』神話から超出していく、中世固有な神話の再解釈・再創造の運動体として、積極的に評価していく研究である。

その研究の一端を紹介しよう。

「中世日本紀」とは何か

朝廷びとのまえでヒルコ＝エビス神の説を語った卜部兼員。彼は神祇官《じんぎかん》の要職につく官人である。さらにこの当時、卜部氏は、「日本紀の家」として称えられ、古代神話の知識に関するプロとされていた。

卜部は、古代朝廷においては神祇官長官の中臣《なかとみ》の配下として、おもに卜占や祓えに従事していたが、平安時代後期から、有職故実《ゆうそくこじつ》や神祇書、そして『日本書紀』の研究に携わる一族として頭角をあらわした。やがて鎌倉時代後期には、京都の平野社の神主を勤める平野卜部家から、『日本書紀』の注釈書として有名な『釈日本紀《しゃくにほんぎ》』が卜部兼文《かねふみ》・兼方《かねかた》親子によって編纂された。ちなみにヒルコ＝エビス神説を説いた卜部兼員は兼方の孫にあたる。さらに室町時代になると、吉田社の神主を勤めた吉田卜部家の系統が主流となるが、そのなかから登場するのが、後に神道界を席捲する「吉田神道」（唯一神道《ゆいいつしんとう》）の創始者たる吉田兼倶《かねとも》（一四三五〜一五一一）である。

彼らの『日本書紀』の注釈世界は、当時の貴族学者、歌学者や僧侶、あるいは伊勢神宮の神官たちにも広い影響をあたえ、独自な知のネットワークを形成していった。そうしたなかから生み出されたのが、ヒルコ＝エビス神説である。

さらに荒ぶる神スサノヲを、京都の祇園社（現在の八坂神社）の祭神である牛頭天王《ごずてんのう》と同体化させ、あるいは航海の神・金比羅神《こんぴらしん》と習合させ、または伊勢神宮のアマテラスと仏敵・第六天魔王の「盟約」を説き、さらに摂関・藤原氏と天皇家とが協力した国家を治める起源譚となる春日明神とアマテラスの「二神約諾《やくだく》」の伝承など、突拍子もない言説が繰り広げられるである。

興味深いのは、それらが「日本紀」に載る説として流布されたところだ。つまりヒルコのその後のことも、「日本紀」に書いてあるというわけだ。ここで「日本紀」とは、古代の出来事を記した書物という、権威化した一種の記号となるのである。「日本紀」に書いてあるといえば、中世の人びとは「古代以来のこと」と信じていくのである。これこそ、まさしく「中世日本紀」の世界であった。

こうした中世の『日本書紀』注釈の世界は、近代的な文献主義・実証主義の立場からは、一顧だにされないものであったが、しかしそこには中世という時代の思潮が「神話」という形で表現されていることはたしかだ。それをヒルコの後日譚から見てみよう。

吉田神社にある兼倶を祭る祠

中世における龍宮城

たとえば、流されたヒルコが龍宮城の龍王に助けられ、養育されたという話。そののち、アマテラスと再会したときに、ヒルコは「お前は親に棄てられ、龍宮城の龍神に育てられた下位の神だ」と呼ばれる。

なぜ、龍神に育てられると下位の神と非難されるのか。現代の感覚では、「龍宮城」といえば、それこそ想像を絶する煌《きら》びやかな理想世界というイメージがあるが、中世の人びとにとって、龍神の棲む龍宮は、欲望にまみれた龍畜《りゅうちく》たちが棲息する、もっとも仏の悟りから遠い場所とされていた。それを代表するのが、龍王の娘である「龍女《りゅうにょ》」である。それは『法華経』にもとづく、まさしく仏教的な価値観である。こうした法華経的な世界観のなかでは、龍神のもとで育てられたことは、下位の存在と貶《おとし》められる。

しかし、中世にあっては、龍宮に棲息する「龍畜」の身にあるものは、『法華経』の功徳《くどく》によって、その身を改めて、欲望の苦しみから救済され、仏に近づくことができるとも説かれる。とくに女性たちに説かれたのが「龍女成仏《じょうぶつ》」の教えだ。こうした教えにもとづいて、龍宮城で育てられたヒルコは、下位の神でありつつ、西宮のエビス神へと転生することが可能となるのである。

ここには、現代から見て荒唐無稽と思われるようなストーリーが、中世という時代の先端的な信仰にもとづく、あらたな神話世界の創造であることが知られよう。ヒルコのその後は、そうした興味深い世界を教えてくれるのだ。

Ⅲ

スサノヲの章

——荒ぶる英雄神の怪物退治

スサノヲの魅力とは

スサノヲは日本神話のなかでもっとも人気が高い神サマだ。父イザナキに追放され、姉のアマテラスが支配する高天の原の秩序を破壊する荒ぶる神。だが出雲に降ってからは、怪物のヤマタノヲロチを退治して、生贄の少女を救う英雄へと変貌し、最後には地下の根の堅州国《かたすくに》に鎮まっていく……。スサノヲはひとつの性格では捉えきれない、きわめて多面的な姿をもつ神であった。そこに彼の魅力の秘密がありそうだ。多面的な姿をもつスサノヲは、後世においても、祇園社（現在の八坂神社）に祭られる疫神・牛頭天王《ごずてんのう》と習合したり、また航海神の金比羅さまと同体視されたり、あるいは恐ろしい方位神・金神《こんじん》などさまざまな神にメタモルフォーゼして、日本の信仰世界に語り伝えられていく。

それゆえ神話研究者たちにとって、スサノヲは格好の対象となった。まず明治三十年代にヨーロッパの神話学が導入されると、スサノヲの性格をめぐって「自然神・暴風神」か「人文的英雄神」かという論争が起こり、また戦後の歴史学からは、ヤマト王権とは異なる出雲王権の始祖神に位置付けられた。さらにユング心理学の研究者は、スサノヲの変貌に、母の拘束力（集合的無意識）から脱却する「男性的なるもの」の成長の過程を読み取り、構造主義の神話学が登場すると、スサノヲの荒ぶる力は「中心」＝アマテラスを活性化させていく「周縁」「混沌」の象徴と解釈されていった……。スサノヲは、神話研究者にとっても、魅力溢れる存在であったといえよう。

けれども、多彩な姿をもつスサノヲは、けっしてアトランダムに『古事記』に出てくるわけではない。『古事記』の神話世界のストーリーにそって、まさしく物語の展開にあわせてスサノヲは「成長」していくのだ。『古事記』が構築する「ローカル」の神話世界と、神の成長というテーマ。そのことを念頭において、さっそく『古事記』のスサノヲ神話を読み進めていこう。

まずはスサノヲが父イザナキから追放される場面から——。

祇園祭りの御輿渡御と八坂神社

啼きいさちるスサノヲ

黄泉《よみ》の国の穢れを禊祓う《みそぎはらう》なかから誕生した三人の子神にたいして、イザナキはそれぞれの支配地を定める。アマテラスは「高天《たかま》の原」、ツクヨミは「夜の食《を》す国」の支配、そしてスサノヲは「海原《うなはら》」。しかしスサノヲだけは命じられた国に行かず、髭《ひげ》が胸元に伸びるまで泣き続けた……。

速須佐之男《はやすさのを》の命《みこと》、命《よ》さしし国を治めずて、八拳須《やつかひげ》、心《こころ》前《さき》に至るまでに啼《な》きいさちき。その泣く状《かたち》は、青山は枯山《からやま》なす泣き枯らし、河海《かはうみ》はことごと泣き乾《ほ》しき。ここをもちて、悪しき神の音《おとなひ》狭蠅《さばへ》なすみな満ち、万《よろづ》の物の妖《わざはひ》ことごと発《おこ》りき。

〔スサノヲは、イザナキが委任した海原の国を治めないで、長い顎鬚《あごひげ》が胸元に届くまで泣き喚《わめ》いた。その泣く様子は、青々と茂った山を枯れ山にして、河や海の水をすっかり干上がらせてしまうほどだった。そのために悪しき神の騒がしい声が、まるで五月に発生する蠅の騒音のようにあたり一面に満ち、さまざまな魔物、妖鬼の災いが起こった。〕

(『古事記』上つ巻)

青々と茂った山を枯らし、海や川を干上がらせてしまうスサノヲ。彼が自然を破壊する災害の神、暴風神とされる場面である。スサノヲの「啼きいさちる」行為とは、混沌とした力、人間には制御できない横溢《おういつ》する力を象徴していよう(三浦佑之『古事記講義』)。

泣き続けるスサノヲに、イザナキがその理由を問うと、スサノヲはこう答えた。

答へ白《まを》ししく、「あは妣《はは》が国根《ね》の堅州国《かたすくに》に罷《まか》らむとおもふゆゑに哭《な》く」。しかして、伊耶那岐《いざなき》の大御神《おおみかみ》、いたく忿怒《いか》りて詔《の》らししく、「しからば、なはこの国に住むべからず」とのらして、すなはち神やらひにやらひたまひき。

〔スサノヲは「わたしは亡き母の国・根の堅州国に参りたいと思うゆえに泣いているのです」

と答えた。それを聞いたイザナキは、たいそう立腹して「それならば、お前はこの国に住んではならない」とおっしゃって、スサノヲをとことんまで追放なされた。」

（『古事記』上つ巻）

死んだ母を恋しがり母のいる国に行きたいというのが、スサノヲが啼き続ける理由であった。母の拘束力から脱却できない、いつまでも子どものままの「永遠の少年」像といった、ユング心理学にもとづく解釈がなされるところだろう（湯浅泰雄『歴史と神話の心理学』）。母の喪失と希求。そして「大人」になりきれない無垢で粗暴な姿。ここからは、そんなスサノヲのイメージが浮き上がってくる。

根の堅州国への追放

しかし、この場面、次のところが見逃せない。父の命令に従わず、山を枯らし、海や川を干上がらせるだけでは、スサノヲはまだ追放されることはなかった。イザナキが息子にたいして「この国に住むべからず」と決定的な追放を宣言するのは、彼が亡き母の国に行きたいと言ったからだ。スサノヲが行きたいという「根の堅州国」とは、「この国」に住むものにとって、忌み嫌われる場所であったのである。

神話の文脈からいえば、「妣が国根の堅州国」とは、死んだイザナミのいる「黄泉《よも》つ国」のこととなる。「黄泉国」という中国ふうの文字表現にたいして、「根之堅州国」は、ヤマト言葉ふうの表現といえる。もっとも「根の堅州国」と「黄泉つ国」とは、ぴったりとは重ならない場所なのだが……（Ⅳ章一一四頁「根の堅州国のスサノヲ」参照）。とりあえず、この場面では、根の堅州国＝黄泉つ国という視点で読んでおこう。

イザナキは、「いなしこめしこめき穢《きたな》き国」である黄泉つ国の穢れを禊祓うことで、三人の尊い子を得た。それなのに、その子のひとりが、あろうことか黄泉つ国＝根の堅州国に行きたいという。それは絶対に許すことはできない。だからこそイザナキは烈火のごとく怒って、「この国に住むべからず」とスサノヲを「神やらひ」するのだ。

だがスサノヲは即座に「根の堅州国」には赴かなかった。姉のアマテラスが支配する天上の高天の原に暇乞《いとまご》いに行く。そしてそれが次なる事件へと発展していくのであった。

アマテラスとの「うけひ」の謎

山や国土を揺り動かしながら高天の原に上ってくるスサノヲ。その荒々しい姿を見たアマテラスは、自らの国を奪うものと疑い、武装して待ち受ける。ここには境界をこえて侵入してくる悪霊と対峙する女性シャーマンの姿が見えてくるのだが、そのことはアマテラスを主人公とする章で述べることにしよう。

アマテラスから「何のゆゑにか上り来ませる」と詰問されたスサノヲは、暇乞いに来ただけで、国を奪う邪心はないと弁明する。だが、疑り深いアマテラスは、言葉だけではスサノヲを信用しない。ここでスサノヲの潔白を証明する方法として行われるのが「うけひ生み」である。

「うけひ」とは、あらかじめ神に誓ったとおりの結果が現れるかどうかで、神の意思を占う行為である。ここでは、スサノヲとアマテラスが互いの所持する剣と勾玉《まがたま》を交換して、それを噛み砕いて霧に吐き出して子どもを作り、生まれた子どもの性別からスサノヲの潔白を占おうということになる。

ところが、この場面、『古事記』では、なんとも不可解な語り方になっている。「うけひ」を行うときの条件決めがなされないのだ。それはどういうことか。『日本書紀』とくらべるとわかりやすい。

『日本書紀』正文では、男の子が生まれたら潔白で、女の子だったら邪心があるだろうと、あらかじめ神に誓って「うけひ」を行う。これが順当なやり方である。そして『日本書紀』では、スサノヲは女子を生んだので「悪心」ありと断定されてしまうのだ。

だが『古事記』ではあらかじめ、条件を決めることなく「うけひ生み」を始めてしまう。そのために、生まれた子どもの男女の性別で、正邪を占うこともできない。つまりスサノヲに邪心があるのかないのか判定できないのである。そしてにもかかわらず、スサノヲは、自らの剣を「物実《ものざね》」（材料）にして三人の女神が生まれたので、自分の身は潔白だと一方的に宣言していくのである。

『古事記』の「うけひ」の場面は、したがって不自然、不完全な表現になっている。その理由をめぐって従来からさまざまな議論があるが、いまだ決着はついていない。難問中の難問だ。ここでも明確な答えは出せそうもないが、とりあえず、次のことを考えてみよう。『古事記』と『日本書紀』とのスサノヲ像の違い、である。

『日本書紀』のスサノヲとは

近年の研究では、『古事記』と『日本書紀』との神話世界の違いが強調されている。たしかにスサノヲという神を見ても、『古事記』と『日本書紀』とのあいだにはそうとう違いがある。『日本書紀』は、スサノヲを明確に「悪神」と語っていることが読み取れるのだ。

『日本書紀』正文の、スサノヲが追放される場面を見てみよう。

此《こ》の神勇悍《ようかん》にして忍《にん》に安《やす》みすること有り。且常《またつね》に哭泣《な》くを以《も》ちて行《わざ》と為《な》す。故《かれ》、国内《くぬち》の人民《ひとくさ》を多《さは》に以ちて夭折《わかじに》せしめ、復青山《またあをやま》を枯《からやま》に変へしむ。故、其の父母《ちちはは》二神《ふたはしらのかみ》、素戔烏尊《すさのをのみこと》に勅《みことのり》したまはく、「汝甚《なれはなは》だ無道《あづきな》し。以ちて宇宙《あめのした》に君臨《きみ》たるべからず。固当遠《もとよりとほ》く根国《ねのくに》に適《まか》れ」とのりたまひ、遂《つひ》に逐《やら》ひたまふ。

〔この神（スサノヲ）は、勇猛でかつ残忍な性質であった。また大声で泣く行いをつねとした。それで国内の人民を多数早死にさせ、また青々とした山を枯れ山に変えた。そこでイザナキ・イザナミの両親は、スサノヲに「お前は道に逸《そ》れた乱暴者だ。それでは天下に君臨することはできない。必ず遠い根の国に赴きなさい」とおっしゃって、ついにスサノヲを根の国に追放なされた。」

（『日本書紀』神代上・正文）

前の章で紹介したように、『日本書紀』ではイザナミは死なない。スサノヲは両親そろったかたちで誕生するのである。したがってスサノヲが泣き喚く理由として、亡き母のもとに行きたいという記述は『日本書紀』にはない。ではなぜスサノヲは泣き喚くのか。それは彼が生まれつき猛々しく、残忍な性格で人民を死に至らしめるから、と述べられていく。ようするにスサノヲが生来の悪なる神であることを、泣き喚くという行為から証明していくのである。そこでイザナキ・イザナミの両親は、スサノヲを「無道」＝道に逸れた非道な悪神だと断定して、遠い根の国に追放する。『日本書紀』では、スサノヲは根っからの悪逆の神と規定されているのである。

では、なぜスサノヲは生まれつきの悪神とされるのか。

『日本書紀』一書〔第二〕によれば、スサノヲは「陰陽の理《ことわり》」に違反した形で生まれたと伝わる。陰陽の説では陽＝男が先行し、陰＝女が後になると定まっている。その陰陽の理に従うことで、世界の秩序は安定するのである。ところが、スサノヲは、陰神のイザナミが陽神イザナキよりも先に声をかけたときに生まれた神であった。まさに「陰陽の理」に反したときに生まれた神とされるのだ。それゆえスサノヲはこの世の秩序に違反した悪神と規定され、追放されねばならない。これが

『日本書紀』の語るスサノヲ像である。

つまり『日本書紀』が陰陽説にもとづく神話を語っていく以上、必然的にスサノヲは「悪神」と規定されねばならない。陰陽説は、まさに陰と陽の対立した原理によって世界の生成、構造を説明するロジックである。二元論的発想といってよい。その世界観のなかでは、善か悪かに二分されるのである。アマテラスが「善なる神」ならば、必然的にスサノヲは「悪なる神」に配当されるわけである。これもまた、陰陽説という「帝国」中国のグローバリズムの思想の表現といえよう。

ところで、近年の『記』『紀』神話の違いを強調する研究からは、『日本書紀』のスサノヲは「悪神」で、『古事記』のスサノヲは「善神」であるという説も出てきた（水林彪『記紀神話と王権の祭り』）。たしかに『古事記』と『日本書紀』のスサノヲ像は異なる。また『日本書紀』のスサノヲが「悪神」と規定されていることは、今見たように事実だ。

しかし、だからといって、『古事記』のスサノヲを「善神」と規定するのはいかがなものか。スサノヲを「善神」と認定することは、善と悪を明確にわけ、そのどちらかの価値判断をする二元論的な世界観（陰陽説）が前提となる。それは『日本書紀』のような神話世界にはマッチするが、『古事記』の神話世界は、そうした二元論的善悪の発想とは異なるのではないか。『古事記』のスサノヲは、善悪で二分できない、善でもあり悪でもあり、そのどちらでもないという、きわめて捉えどころのない神として語られていくのである。

この問題は、「うけひ」神話の場面にも通じる。『古事記』の「うけひ」では、スサノヲにたいして悪神か善神かと判定することをあえてしない語り方をしていく。『古事記』のスサノヲは、こちらでは制御することのできない荒ぶる神として語られていくのである。そうした荒ぶる神の両義性こそ、陰陽説＝グローバル・スタンダードにたいする、『古事記』のローカル・アイデンティティと通じていよう。『古事記』のスサノヲは、ローカル・アイデンティティを構築してく『古事記』にふさわしい神であったのだ。

ここにおいて、スサノヲの「成長」というテーマが大きな意味をもってくる。彼はいかにして、成長していくのだろうか。

高天の原のスサノヲと「大祓」

スサノヲの善悪を決定する論理を示さない『古事記』では、スサノヲが一方的に「あが心清く明《あか》し」と叫ぶ。そしてそのまま自分では制御できない力を振りまいて、高天の原の秩序を徹底的に破壊していく。

アマテラスが営む聖なる田の畔を壊し、田に引く水路の溝を埋めてしまう。さらに神聖なる神殿に糞を撒き散らし、神の衣を織る機屋《はたや》に穢らわしい馬を投げ入れて、機織り女《はたおめ》を殺してしまう。ついにアマテラスは、なすすべもなく岩屋にこもる……。岩戸神話と呼ばれるエピソードである。その神話の意味については、アマテラスを主人公とした章で詳しく考えていこう。ここで問題はスサノヲである。
岩屋にこもったアマテラスは、八百万の神たちの力によって岩屋から迎え出された。そして次に行われたのは、災厄の原因を作ったスサノヲの追放である。父のイザナキから追放されたスサノヲは、高天の原においてもふたたび追放されることになる。そのシーン、『古事記』ではこう書かれている。

ここに、八百万《やほよろず》の神、共に議《はか》りて、速須左之男《はやすさのを》の命に千位《ちくら》の置戸《おきと》を負《おほ》せ、また、鬚《ひげ》と手足の爪とを切り、祓《はら》へしめて、神《かむ》やらひやらひき。
〔そうして、八百万の神たちは共に相談をして、スサノヲに多くの贖《あがな》いものを科して、また鬚と手足の爪とを切り、罪を贖わせる祓えをして、徹底的に追放した。〕
（『古事記』上つ巻）

神やらい＝追放ということでは、最初のイザナキの場面と同じである。だがここではさらに、「祓へしめて」という行為が追加される。追放されるだけではない。祓えもされるのだ。罪の代償として差し出される贖い物、自らの鬚や手足の爪を切り取られるという記述には、リアルな祓え儀礼の場面も彷彿しよう。『日本書紀』では、「唾《つはき》を以《も》ちて白和幣《しろにきて》とし、洟《はな》を以ちて青《あを》和幣とし、此《こ》を用《も》ちて解除《はら》へ竟《をは》り」（一書〔第二〕）といった、具体的な祓えの祭具も描かれている。

古代における「祓へ」といえば、朝廷の年中行事として六月・十二月晦日に行われる「大祓《おおはらえ》」が有名である。そのとき神祇官《じんぎかん》の中臣氏が読み上げるのが「六月晦大祓《みなづきのつごもりのおほはらへ》」の祝詞《のりと》である（『延喜式』巻八に収録）。その祝詞のなかで、人びとが犯す罪ごとを「天つ罪」「国つ罪」とわけて、それらを海の彼方の根の国・底の国に押し流し、消去することが読み上げられる。祝詞のなかで「天つ罪」と分類される「畔放《あはな》ち・溝埋《みぞう》み・樋放《ひはな》ち・頻蒔《しきま》き・串刺《くしさ》し・生剝《いけは》ぎ・逆剝《さかは》ぎ・屎戸《くそへ》」の罪名が、スサノヲの行った乱暴行為と重なるものも多いことから、スサノヲ神話と大祓とは不可分な関係があることが指摘されてきた。また罪が流される「根の国・底の国」の世界も、「根の堅州国《かたすくに》」に赴くスサノヲとの繋がりを思わせよう。スサノヲは人びとが犯す罪の化身という説もある（西郷信綱『古事記の世界』）。

『古事記』の神話世界が、宮廷で行われる祭祀儀礼となんらかの関わりをもつことは、「神話と祭祀の相関性」という一般的な認識からもたしかであろう。神話のなかの神々の物語が祭祀の起源となり、また祭祀の場で神話世界が再現され、演じられるという事例はたくさんある。

けれども『古事記』の本文そのものは、スサノヲ神話を「大祓」の起源と明記しているわけではない。スサノヲの神話を「大祓」の現場とつなぎ、祓われる対象としてのスサノヲを作り上げたのは、九世紀初頭の『古語拾遺《こごしゅうい》』であった（権東祐「スサノヲの変貌」）。『古事記』の場合は、スサノヲ神話を大祓の起源譚として一義的に位置づけてはいない。『古事記』のスサノヲは、大祓の場には縛られない、そこから抜け出してくる「神話的人物」であったのだ（西郷、前出書）。

そこであらためて問うべきは、『古事記』のスサノヲが高天の原から「神やらひ」されるとき、「祓へ」も行われたことの意味である。

スサノヲは高天の原へ赴き、アマテラスと徹底的に対立することを通して、その荒ぶる力は倍増されていった。もはやその乱暴行為は、誰も制止することはできなかった。しかしスサノヲが八百万の神たちによって「祓へ」を科せられたとき、彼の無秩序な暴力は「罪」として認識され、祓われる対象として、ひとつの秩序のうちに組み込まれていったのではないか。「祓へ」が行われることで、逆接的に彼の行為は「罪」として認識されたのだ。「罪」と認識されれば、祓えを受け、その荒ぶる行為は浄化されていくものに変化する。すなわち、ここにこそ、スサノヲの成長ということが暗示されているのである。

なぜ「殺された女神」が挿入されるのか

祓われ、神やらいされたスサノヲは、出雲の国へと降り、いよいよヤマタノヲロチ退治が始まる。だが、出雲に降るまえに挿入されたエピソードがある。こんな話だ。

また、食物《をしもの》を大気都比売《おほけつひめ》の神に乞ひき。しかして、大気都比売、鼻・口また尻より種々《くさぐさ》の味物《ためつもの》を取り出でて、種々作り具《そな》へて進《たてまつ》る時に、速須左之男の命その態《わざ》を立ち伺《うかが》ひて、穢汙《けが》して奉進《たてまつ》ると、すなはちその大宜津比売《おほげつひめ》の神を殺しき。かれ、殺さえし神の身に生《な》れる物は、頭《かしら》に蚕《こ》生り、二つの目に稲種《いなだね》生り、二つの耳に粟《あは》生り、鼻に小豆《あづき》生り、陰《ほと》に麦生り、尻に大豆《まめ》生りき。かれここに、神産巣日《かむむすひ》の御祖《みおや》の命、これを取らしめて種と成したまひき。

〔また食べ物をオホゲツヒメに乞うた。そうするとオホゲツヒメは、自らの鼻・口、尻からいろいろな食べ物を取り出して、さまざまな料理にして献上したときに、その様子を伺っていたスサノヲは、穢して奉るものと思い、即座にそのオホゲツヒメを殺してしまった。すると殺された神の身に成ったのは、頭には蚕、両目には稲の種、両耳には粟、鼻には小豆、陰部には麦、尻には大豆が生った。そこでカムスヒの御祖の神が、スサノヲにこれらを取らせて、それぞれ種とした。〕

（『古事記』上つ巻）

誰が、何のためにオホゲツヒメに食物を乞うたのか、従来から諸説がある。ここでは、八百万の神たちが、祓い却《やら》われるスサノヲのために食べ物を用意したと解釈しておこう。たとえば「追儺《ついな》の祭文《さいもん》」（『延喜式』巻十六）に語られるような、疫鬼などに食べ物をもたせて追い祓うという発想に通じるものだ。

だがさらに奇妙なのは、スサノヲが殺害したオホゲツヒメの死体の部位から、さまざまな穀物が成ったというエピソードである。この神話は、インドネシアのセラム島に伝わる「殺された女神」＝「ハイヌヴェレの穀物起源」と共通するパターンをもつことが、すでに指摘されている（大林太

手に食べ物をもって祓われる
疫鬼の姿(『政事要略』より)

良他『世界神話事典』)。それはどんな神話か。

魅惑的に踊りながら宝物を大便として出すハイヌヴェレは、男たちによって汚らわしいと生き埋めにされて殺されてしまう。その死体を掘り出した父親が娘の死体を切り刻み、破片を別々の場所に埋めた。するとその体の断片がさまざまな種類の芋に変わり、そのおかげで人間たちは芋を栽培して、食べ物を手に入れて生きていくことができた……(イェンゼン『殺された女神』)。このハイヌヴェレと似ている神話は、インドネシアからメラネシア、ポリネシアからアメリカ大陸にかけて広範囲に分布しているという。『古事記』のオホゲツヒメの神話も、その類型であることはまちがいないだろう。「死と再生」の神話パターンである。けれどもハイヌヴェレ型の穀物起源神話が、なぜスサノヲの追放譚のあとに入っているのだろうか。これは別伝承の挿入にすぎないという説もあるが、『古事記』の神話ストーリーとしての意味もあるはずだ。それを探ってみよう。

ポイントは、スサノヲの役割の変化である。口や鼻、尻から食べ物を出すオホゲツヒメの行為を穢れと思って殺してしまうことは、文字どおり荒ぶるスサノヲのなせるワザだ。高天の原においてスサノヲは、神の衣を織る服織女《はとりめ》を殺害したことを思い出そう。

けれども、殺した女神の死体から穀物が生育し、さらにカムムスヒに命じられてそれを取り出して種とする展開には、高天の原で暴れまわったスサノヲとは違う面が見えないか。女神殺害というスサノヲの荒ぶる行いが、穀物起源に結びつくところだ。そこにはスサノヲの荒ぶる行為が、たんなる破壊や殺害ではない、何かを生み出す力へと変貌していくことを暗示していよう。いうまでもなく、それを導いたのは高天の原での「祓へ」であった。荒ぶる行いが「罪」として祓われたとき、スサノヲの荒ぶる力はプラスへと転じていく。オホゲツヒメの神話は、それを暗示するエピソードだったのである。

かくして、スサノヲは出雲の国へと降っていく。

出雲の国に降ったスサノヲ

高天の原から追放されたスサノヲは、出雲の国の肥《ひ》の河上、鳥髪《とりかみ》という地に降り立つ。川の上流から箸が流れてくるのを見て、人が住むことを知り、川上の村をめざした。そこでひとりの少女を囲んで泣き悲しんでいる老人夫婦に出会う。少女の名はクシナダヒメ。老夫婦は国つ神アシナヅチ・テナヅチと名乗った。そして自分たちには多くの娘がいたが、毎年「高志《こし》」からやってくるヤマタノヲロチに食べられてしまい、今年もまたそいつが来るので泣いているのだと告げた。

これを聞いたスサノヲは、娘を自分の妻に差し出せば、ヲロチを退治しようと申し出た。アシナヅチが「恐《かしこ》し。また御名を覚《し》らず」と尋ねると、スサノヲは、われはアマテラスの弟で天から降りてきた神であると威勢よく名乗った。アシナヅチはスサノヲの申し出を受け入れた。

まずスサノヲはクシナダヒメを神聖な櫛に変化させ、それを自分の髪に刺して、アシナヅチたちに、醇度《じゅんど》の高い酒を醸造させた。そして長い垣をめぐらし、その垣に八つの門を作り、門ごとに八つの桟敷（台）を縄で結わえて作り、その桟敷ごとに大きな器を置き、そこに醸造した酒を盛らせた。

スサノヲの命じたとおりに準備して待っていると、やがてヲロチが禍々《まがまが》しい蛇体の姿をあらわした。ヲロチは八つの頭で八つの酒船の酒を飲み干すと、酔っ払って寝てしまう。その隙にスサノヲは腰の剣を抜いて、ヲロチをずたずたに切り殺した。肥の川には真っ赤な大蛇の血が流れた……。

「ペルセウス・アンドロメダ型」と呼ばれる、英雄の怪物退治神話である。『古事記』のなかでも屈指の物語的なエピソードであろう。

しかし、スサノヲに退治されるヤマタノヲロチとは何ものなのか。まずは、ヲロチの「正体」から探ってみよう。

ヤマタノヲロチの「正体」とは

たとえばメソポタミア神話にあるマルドゥク神のティアマート退治のように、世界各地に伝わる英雄の怪物退治の神話は、未開社会の季節行事である予祝儀礼や農耕儀礼と結びつく例が多い（湯浅、前出書)。そのことは、『古事記』のヲロチ退治神話にも当てはまる。

ヲロチの生贄となるクシナダヒメは、『日本書紀』では「奇稲田姫《くしいなだひめ》」と表記される。稲田の神＝水蛇神を祭る巫女の姿がそこに浮かんでこよう。ここからヲロチを怪物として退治する話の原型として、巫女のクシナダヒメが水神としてのヲロチを招《を》ぎ斎《いつ》く儀礼が想定されていくのである(松村武雄『日本神話の研究』第三巻)。

そう想定すると、いろいろわかってくる。たとえば酒を用意するのは、ヲロチを酔っ払わせるためだが、酒は神への饗応に欠かせないもの。さらにスサノヲがクシナダヒメを「櫛」に変えて、頭に挿したという不思議な行為も、水蛇神を祭る巫女とスサノヲが一体化した象徴と理解すればいいだろう(斎藤英喜「「遠呂智」退治譚の〈語り〉の構造」)。ちなみに『日本書紀』の一書〈第二〉には、スサノオがヲロチにむけて「汝《なむぢ》は是可畏《これかしこ》き神なり。敢《あ》へて饗《みあへ》せざらむや(あなたは恐れ多い神である。ご馳走しないわけにはゆかない)」と語る一節も見出せる。オロチは畏しき神なのだ。

稲田姫命(クシナダヒメ、八重垣神社板絵)

もちろんその神は同時に災厄をもたらす恐

ろしい存在でもあった。ヤマタノヲロチが氾濫する川のイメージをもつことも指摘されているが、それは水という恵みをもたらす川と、洪水によって人びとの生活を破壊してしまう川、という自然の威力がもつ二面性を抱え込んだ「自然神」の形象化と理解していいだろう（三浦佑之『古事記講義』）。『古事記』の神話世界のテーマは、二面性をもつ「自然神」＝ヲロチを、天上から降ってきたスサノヲが打ち倒すことへと展開していく。そのとき『古事記』のヲロチ神話には、天上から来臨した新しい英雄神が、古い土着の水の精霊を超克するプロセスが読みとれよう。ヲロチ退治譚とは、水の精霊を祭ってきた出雲の首長が、高天の原から降ってきたあらたな英雄神に服属する神話ということになるのである（西郷信綱『古事記の世界』）。

このあたりの神話ロジックを、さらに『古事記』の表現のうちに見てみよう。

老翁によるヲロチの姿語り

スサノヲが、ヲロチはどんな形かと問うと、アシナヅチはこう答えた。

その目は赤かがちのごとくして、身一つに八頭《やかしら》・八尾《やを》あり。また、その身に、蘿《ひかげ》と檜《ひ》と椙《すぎ》と生《お》ひ、その長《たけ》は、谿八谷《たにやたに》・峡八峡《をやを》に度《わた》りて、その腹を見れば、ことごと常に血に爛《ただ》れてあり。

〔その目は赤いほおずきの様で、一つの身に八つの頭、八つの尾があります。また、その身には、蘿と檜と杉とが生い茂り、その身長は、渓谷を幾峰も渡るほど巨大であり、その腹を見ると、いつも血にただれております。」

（『古事記』上つ巻）

なんとも丁寧な答えぶりだが、読んでいると「その目は」「その身に」「その長は」「その腹を」というように、「その」の繰り返しに気がつく。「その」という言葉は現場指示語ともいわれ、語っている対象を目のまえに浮かび上がらせる効果をもつ。つまりアシナヅチの答え方は、ヤマタノヲロチを、いま、この目前に活き活きとイメージさせるような言葉の働きがある。さらに「その腹を見れば……」の部分は、語っているアシナヅチが、実際にヲロチの腹を見たという目撃性を強調する。口語りで伝えられた神の伝承は「見てきたことであるかのように語る」といった特徴をもつという（藤井貞和「日本神話における〈語り〉の構造」）。

あらためて、ヤマタノヲロチの姿を語るアシナヅチは「老父」と呼ばれていた。そこには、土地に伝わる古伝承を語る「古老」のイメージも見てとれる。ヲロチの姿をリアルに語るアシナヅチの言葉には、彼らが語り伝えてきた水蛇神の古伝承の断片を想定することもできよう。

ここからは、出雲の語り手たちが、自らが祭る神の姿を口で語り伝えたオーラルな現場が髣髴してこないか。自分たちに恵みの水を与えつつ、祭りそこなえば水害という祟りをもたらす、恐ろしい水蛇神の伝承。それを語り伝えた出雲の語りの翁たち……。ちなみに『日本書紀』正文では、ヲロチの姿は「期《とき》に至りて、果たして大蛇《をろち》有り。頭・尾各八岐有り……」と実際に登場したときの地の文で描写され、『古事記』のような、老翁の口語りの現場性はない。ここにもローカルな神話世界を尊重する『古事記』の姿勢が見てとれよう。

しかし、ここで注意すべきことがある。ヲロチの姿語りは、『古事記』のなかではスサノヲの「その形はいかに」という問いへの答えとしてあったところだ。本来、神の姿はめったに口にしてはいけないタブーに守られていたはずだ。そんな神の姿を、アシナヅチは他所からやってきたスサノヲに語ってしまう。自分たちが祭ってきた神の正体を明かしてしまうことは、明かした相手に屈服することを意味するだろう（斎藤、前出論文）。そう、アシナヅチがヲロチの姿をスサノヲに語ったところで、彼らがスサノヲに服属することは決まっていたのだ。スサノヲは古い水の精霊を倒す、天から降ってきた新しい英雄神となるのである。

しかし――、スサノヲは本当に天から降ってきた英雄神なのか。

「自称敬語」と「英雄と怪物の両義性」のロジック

スサノヲはアシナヅチたちに「あは、天照大御神のいろせぞ。かれ、今、天より降りましぬ」と名乗る。これは直訳すると、「われはアマテラスの弟である。ゆえに、今、天より降っていらっしゃったのだ」となる。アマテラスの弟として天から降ったことを、「天より降りましぬ」と自分で自分の行為に敬語をつけて宣言するのだ。それは「自称敬語」と呼ばれる用法である。

この特殊な敬語法は、近代の文法では、本来的に三人称についた敬語を自分の発言にもちいた、誤った用法ということになる。しかし、自分のことを敬うべき相手の立場から、自分のことを語る言葉と理解すれば、この用法は無意識的にも使われている。たとえば、子どもにむけて、自分のことを「お父さんが……」と自称すること、生徒にむけて教師が自分のことを「先生が…」と自称することも、自称敬語の一種である。それは自分が「子ども」や「生徒」たちに敬われることを前提とした表現である。それを使うことで、子どもや生徒との「上下関係」が作り出されていく。同じようにスサノヲも、自分で「天からいらっしゃった」と自称敬語で語ることで、自らがアシナヅチたちによって敬われるべき神となる関係を構築するのである。スサノヲは、「天より降りましぬ」と自称敬語を用いることで、自分が出雲の神々から敬われ、崇められる存在たることを主張するわけだ。

だが、あらためて『古事記』のストーリーの続きから見れば、彼はあくまでも高天の原で罪を犯し、祓われ、追放された神であった。「天より降りましぬ」などと、偉そうにいえる立場ではない。それが天から降っていらっしゃった神として、出雲の土着の水蛇神を打ち倒す英雄になるのは、スサノヲの性格に一貫性がないと、疑問視されるところだ。

この点について従来の説はこう説いている。

『古事記』の神話は、多くの部族や地域で伝わった複数の神話を寄せ集めて、ヤマト王権に都合のいいように改変されたものである。スサノヲ神話の場合も、高天の原のスサノヲと、出雲のスサノヲとは本来は別々の神話だった。それを無理やりひと繋がりにしたので、性格に矛盾が生じてしまった。ふたつは本来別系統の神話なので、スサノヲの性格に一貫性がないのは当然である、と。これは『古事記』神話の成立をめぐる歴史学的な立場から提示された解釈である。

これにたいして、神話学の立場からスサノヲ神話を見てみるとき、参考になるのは、構造主義系の神話学（説話学）から提唱された「怪物と英雄の両義性」という視点である。そこで重視されたところは、スサノヲとヤマタノヲロチのあいだには共通点があることだった。それはどういう解釈なのか。

スサノヲは山を枯らし、海や川を干上がらせる、強暴な自然のイメージをもつ。その点は、氾濫する川、洪水という自然の脅威をあらわすヲロチにも共通する。つまり両者はともに「自然」の荒々しい力を体現していたのである。そのとき、高天の原の秩序を破壊して追放されたスサノヲにとって、出雲でのヲロチとの出会いは、じつは鏡に写ったもうひとりの自分との出会いでもあった。スサノヲがヲロチを退治することとは、自分のなかのもうひとりの自分を否定し、それを超克することを意味したのである。すなわち「英雄は、彼の出自、彼の過去、もう一つの彼の否定として、鬼などの怪物を退治する。退治することによって社会に迎えられ、英雄となる」（小松和彦『神々の精神史』）というロジックである。まさにスサノヲの「成長」というテーマは、このロジックから説明することができよう。ちなみにスサノヲはヲロチを退治することでクシナダヒメという女性と結婚する。その点から見れば、ヲロチ退治とは、スサノヲが「大人」になるためのイニシエーションという側面ももつだろう（西條勉『古事記と王家の系譜学』）。

スサノヲのヲロチ退治に見出される「英雄と怪物の両義性」。それは御伽草子の「酒呑童子」や「田村の草子」、また昔話の「桃太郎」や「一寸法師」などにも普遍化することが可能である。構造主義の方法は、『古事記』のスサノヲ神話が普遍的な英雄の怪物退治譚として読めることを教えてくれるわけだ。

そこでさらに見過ごせないのは、ヲロチ退治譚の結末である。

献上された「草なぎの大刀」

スサノヲがヲロチの尻尾を切ったとき、剣の刃が欠けた。不思議に思って中を裂いてみると、尾から一振りの剣が出現した。そこでスサノヲは――、

かれ、この大刀を取り、異《け》しき物と思ほして、天照大御神《あまてらすおほみかみ》に白《まを》し上げたまひき。こは草《くさ》なぎの大刀ぞ。

〔そこでスサノヲは、その大刀を取り出して、特異な物だと思い、アマテラスに大刀を得た経緯を申し上げ、大刀を献上した。これは草那芸《くさなぎ》の剣のことである。〕

（『古事記』上つ巻）

ヲロチの体内から発見された霊異ある剣。スサノヲはそれを自分で所有せず高天の原のアマテラスに献上した。ここには荒々しい振る舞いをしてアマテラスを困惑させた、あのスサノヲの面影はまったくない。荒々しい力をもつ自分と似ている、もうひとりの自分＝ヲロチを倒すことで、彼は英雄として社会に受け入れられる。その「社会」こそ、アマテラスが支配する高天の原の世界といえよう。

「白し上げたまひき」の一節は、たんに剣を献上しただけではなく、その剣を手に入れた経緯をも申し上げたという意味ももつ（西郷信綱『古事記注釈』）。その経緯とは、まさしくスサノヲのヲロチ退治譚の神話である。その神話を語り、奏上することは、スサノヲがアマテラスの秩序に完璧に服従する誓いを意味したといえよう。アマテラスの側からいえば、スサノヲの行為を通じて、高天の原の権威が出雲の国を服従させたことを暗示した。後に「国譲り」という形で、出雲のオホクニヌシが服従することを、いわば先取りした展開ともいえよう。

ところで、スサノヲがアマテラスに献上した「草なぎの大刀」とは何か。いうまでもなく「草薙剣」は、天皇権威の象徴とされる三種の神器のひとつである。もっとも『古事記』が作られた時代には、まだ「三種の神器」という明確な意識はなかったようだが、この結末の展開は、スサノヲの成長物語が、天皇王権のレガリアの起源譚に結びつく、まさしく王権神話の主人公となることを明らかにしていよう。それにしても、天皇王権を象徴する霊剣は、出雲の水蛇神の体内から発見されたとは……。

ちなみに後世の伝承では、ヤマタノヲロチの尻尾から発見された剣は、もともと高天の原のアマテラスが誤って落としたものだったという解釈もなされる(『平家物語』剣の巻)。ヲロチの持ち物だった霊剣は、本当はアマテラスのもの＝天皇のものだったという理屈である。また『平家物語』の別系統の本では、アマテラスが落とした霊剣は伊吹山に落ちたと伝えられ、ヤマタノヲロチはじつは伊吹山の神・伊吹大明神であったという由来が説かれるものもある。中世神話の世界である(斎藤英喜「「草薙」と中世の神話世界」)。

八雲立つ 出雲八重垣……

かくして、ヤマタノヲロチを倒したスサノヲはクシナダヒメとめでたく結婚し、須賀《すが》という地に新婚の宮殿を造った。その地に雲が立ちのぼったときにスサノヲは歌を詠んだ。

八雲《やくも》立つ　出雲八重垣《いづもやへがき》　妻籠《つまご》みに　八重垣作る　その八重垣を

〔雲が盛んに立ちのぼっていく国、出雲 その出雲の国に幾重にも垣を廻らし、新妻を籠もらせる垣を造った その八重に廻らした垣よ〕

(『古事記』上つ巻)

父イザナキに追放され、さらに高天の原をも追われ、祓い却《やら》われたスサノヲ。しかしその荒ぶる神は出雲のヲロチを倒すことで、ついに出雲の国のあらたな「大神」と呼ばれる神王の座に就いたのだ。そしてクシナダヒメをはじめ、多くの妻を娶り、子孫を残していった。かくしてスサノヲの神話世界は、ひとつの完結を迎えるのである。

ちなみにこの有名な「八雲立つ…」の歌は、『古事記』のなかで最初に出てくる和歌である。そこからスサノヲは、和歌の起源にまつわる神ともされていくのである。

ここであらためて『古事記』のストーリーを思い出してみよう。スサノヲが父のイザナキに「この国に住むべからず」と追放されたのは、妣が国・根の堅州国に行きたいと泣き喚いたからだった。スサノヲが本当に行きたかったのは、「根の堅州国」ではなかったのか……。

出雲の地でヲロチを倒し、クシナダヒメと結婚するスサノヲ。だが、それは彼の神としての生涯の結末ではなかったのだ。黄泉つ国とも呼応するような、死の他界、根の堅州国へと鎮座したとき、彼の「成長」はまっとうされるのではないか。

根の堅州国に鎮座するスサノヲはどのように描かれるのか。その姿は、スサノヲから五代あとの子孫の物語のなかに見ることができるのだ。「根の堅州国」で「大神」と呼ばれるスサノヲと出会う、その子孫こそ――、オホクニヌシである。

ここで『古事記』は、オホクニヌシを主人公とする出雲神話へと転じていく。

Ⅳ

オホクニヌシの章

——葦原の中つ国の「王」と国譲り

平成十二年（二〇〇〇）四月、出雲大社の境内に突如出現した巨大柱の遺構は、天空高く聳え立つ空中神殿＝出雲大社の姿をわれわれのまえに幻視させてくれた。もちろん柱の遺構そのものは、鎌倉時代頃のものと推定されるのだが、しかし加茂岩倉遺跡（島根県雲南市加茂町）で発見された大量の銅鐸や、神庭《かんば》荒神谷《こうじんだに》遺跡（島根県簸川郡斐川町）の整然と並べられた三百五十八本あまりの銅剣の出土とあいまって、ここ出雲の地が、ヤマト王権と拮抗するほど強大な、もうひとつの王権の拠点であったことを証明してくれたのである。

古代のヤマト王権との争闘を想像させる、出雲の国。そこに聳え立つ空中神殿、出雲大社。その大社に祭られる神こそ、スサノヲの子孫・オホクニヌシである。

だが、『古事記』の神話世界のなかで、オホクニヌシは、最初から「大国主神」と呼ばれていたわけではなかった――。

複数の名をもつ理由とは

『古事記』のなかでオホクニヌシは、複数の名前をもつ神として登場する。

大国主の神。亦《また》の名は大穴牟遅《おほあなむぢ》の神といひ、亦の名は葦原《あしはら》の色許男《しこを》の神といひ、亦の名は八千《やち》

矛《ほこ》の神といひ、亦の名は宇都志国玉《うつしくにたま》の神といひ、并《あは》せて五つの名あり。（『古事記』上つ巻）

・オホクニヌシの神〔大いなる国の主の神〕
・オホナムヂの神〔大いなる土地の貴人の神〕
・アシハラノシコヲ〔葦原の中つ国の威力ある男の神〕
・ヤチホコノの神〔たくさんの矛の神〕
・ウツシクニタマの神〔この世の国土霊の神〕

出雲大社境内から発掘された巨大柱の宇豆柱

『古事記』では五つの名だが、『日本書紀』にはさらに、「大物主神」「大国玉神」という名前も追加される（神代下・一書〔第六〕）。

しかしそれにしても、オホクニヌシは、どうしてこのような複数の名前をもつのだろうか。その点についてはこういう見解がある。

オホクニヌシが複数の名前をもつのは、この神がいくつもの地方神、土地神が複合して成立したことを意味する。オホクニヌシとは、ヤマト王権成立以前の、各地方の豪族が斎《いっ》き

出雲大社鎌倉時代推定復元模型（10分の1）（島根県立古代出雲歴史博物館）

祭っていた国つ神たちを凝縮したような神格であった。したがって出雲のオホクニヌシがアマテラスのもとに国の支配権を譲渡する「国譲り神話」とは、各地方の豪族がヤマト王権に服属したことを象徴的に描く神話であった、と。オホクニヌシ神話の背景に、ヤマト王権成立までの権力抗争史を推定していく歴史学の見解である。

では、神話学の視点からはどう説明できるだろうか。まず注意したいのは、『古事記』のなかでは、オホクニヌシの「亦の名」は、けっしてアトランダムに出てくるわけではないことだ。『古事記』の神話ストーリーの展開と、オホクニヌシの名前の変化は密接に結びついていた。すなわち複数の名前は、物語の展開にそって、この神の性格が変化し、ステージ・アップしていく過程に対応しているのである。神の名前の変化は、そのままオホクニヌシ＝大いなる国の主の神への成長の過程をあらわす、といってもいいだろう。オホクニヌシの神話世界。それは、ひとりの少年神が葦原の中つ国の「王」へと成長していく、ファンタジー小説も顔負けの冒険と戦い、恋の物語であったのだ。

そしてもうひとつ大切なこと。これから読んでいくオホクニヌシの神話は、『古事記』だけにあり、『日本書紀』には、出雲を舞台とするオホクニヌシの成長の物語は一切伝えられていないのだ。グローバル・スタンダードの『日本書紀』とは異なる、ローカルな神話世界＝『古事記』の特徴をもっとも鮮明に教えてくれるものこそ、これから読んでいくオホクニヌシの神話であるといえるだろう。それを頭にいれて、『古事記』のオホクニヌシの物語を読み進めることにしよう。

出雲の偉大なる王・オホクニヌシ。彼はまず、「オホナムヂ」と呼ばれる少年神として登場してくる。

「稲羽の素兎」は何を語るのか

オホクニヌシの複数の名前の紹介に続いて、いよいよ物語が始まる。有名な「稲羽の素兎《しろうさぎ》」のエピソードである。

オホナムヂには「八十神《やそかみ》」という多くの兄弟神がいた。異母兄弟のヤソカミたちは、それぞれが因幡《いなば》の国の巫女であるヤカミヒメに求婚しようとして、因幡の国へ向かった。そのときヤソカミたちは、弟のオホナムヂに荷物の袋を負わせ、従者として連れていったのである。

その旅の途中、気多《けた》の岬に到着したとき、皮を剝がされて泣き伏せているウサギと出会った。先頭を行くヤソカミは、そのウサギに海の塩水を浴びて、風に吹かれていれば治るだろうと、誤った治療法を教える。そのためにウサギはさらに痛み苦しんだ。

そのウサギを救ったのが、後からやってきた袋担ぎの従者オホナムヂである。彼がウサギに痛がっている理由を聞くと、サメの一族を騙《だま》したために仕返しに皮を剝がされたという事情を打ち明けた。それを聞いたオホナムヂは、清水が流れる河口で身を洗い、蒲黄《かまのはな》という薬草の上で転げまわれば、肌は元通りになると治療法を教えた。ウサギがそのとおりにすると、見事元に戻った。するとウサギは、じつは自分は「稲羽の素兎《しろうさぎ》」という神であることを明かし、オホナムヂこそがヤカミヒメの夫となる者だと予言した。そして予言のとおり、ヤカミヒメはヤソカミの求婚を拒否し、オホナムヂの妻になると答えた……。

ウサギを助けてあげる心優しい「大国主の神さま」として、子ども向けの絵本などにも描かれるお馴染みのエピソードである。だがあらためて、こんな素朴な昔話ふうの話が、なぜ出雲の王の成長物語に出てくるのだろうか。

たとえば、異母兄弟たちに虐げられた末の弟が、高貴な姫と結婚して、やがては国の王となった…という、男性版シンデレラ物語のパターンが踏まえられていることは、たしかであろう（三浦佑之『昔話にみる悪と欲望』）。出雲を舞台とした神話は、昔話や伝説のルーツとなっているのである。

そのときポイントは、オホナムヂが傷ついたウサギを治療したことにある。それこそが、彼が「王」となるための条件をクリアしたことを暗示しているのである。

なぜウサギを治すことが「王」の条件なのか。その背景には、病を癒し、病気の原因となる悪霊を祓う力をもつ「巫医《ふい》」と呼ばれるシャーマン的治療者のなかに「王」の起源があったという、アルカイックな世界が広がっていた（西郷信綱『古事記の世界』）。オホナムヂが傷ついたウサギを正しく治癒したのは、彼がまさしく「巫医」であることを語っていたのだ。それは後に彼が「王」となることを暗示していた。王たる存在への条件をクリアしたことを、稲羽の白兎のエピソードが語っているのである。なお『日本書紀』一書〔第六〕では、オホナムヂについて「病を療《をさ》む方《のり》」と「禁厭《まじなひ》の法《のり》」とを定め、そのことによって人びとは神のおかげを蒙《こうむ》ったと記している。ちなみに現代の「藪医者」という言葉は、「巫医」と関係がある言葉だ。国家に承認された「官巫《かんふ》」にたいして、民間（野）の巫医が「野巫（やぶ）」であった。これが藪医者の語源である。

さらにこの場面、ウサギはサメを騙して皮を剝がされた経緯を、オホナムヂにだけ語っていることも注目しよう。ヤソカミたちはウサギとコミュニケーションすることができなかった。それもまた、オホナムヂが異世界の動物神と意志を疎通させることができるという、シャーマンとしての能力を示しているのである。

動物とのコミュニケーション。これから読み進んでいく出雲神話の世界のあちこちに見られる重要なテーマであることも覚えておこう。

麗しき壮夫と成りて……

ヤカミヒメを取られて怒ったヤソカミは、オホナムヂを殺そうと策略を練る。オホナムヂにたいして、伯耆《ほうき》の国の手間の山の頂から赤い猪を追い落とすので、下で待ち受けて捕まえろと命じた。しかし落ちてきたのは真っ赤に焼けた巨大な石であった。オホナムヂはその石に焼かれて死んでしまう。

それを知ったオホナムヂの母神は悲しんで、天上のカムムスヒのもとに行き、息子の蘇生を頼んだ。母神の願いを聞いたカムムスヒは、キサガヒヒメという赤貝の女神、ウムガヒヒメという蛤《はまぐり》の女神とを地上に遣わせて、オホナムヂを蘇生させた（ちなみに『出雲国風土記』では、キサガヒヒメ、ウムガヒヒメはカムムスヒの子神と伝わっている）。それはこんな方法であった。

しかして蚶貝比売《きさがひひめ》きさげ集めて、蛤貝比売《うむがひひめ》待ち承《う》けて、母《おも》の乳汁《ちしる》と塗りしかば、麗《うるは》しき壮夫《をとこ》に成りて、出で遊行《あそ》びき。

〔その時に、キサガヒヒメが貝殻を削り落として、その粉を集め、ウムガヒヒメが、それを受け取って、蛤の貝の汁で溶いて母乳のように延ばし、焼け死んだオホナムヂの体に塗ると、オホナムヂはりっぱなヲトコに成って蘇生し、あちこちを出歩いた。〕

（『古事記』上つ巻）

貝の女神たちの霊力によって、麗しきヲトコに再生したオホナムヂ。その姿を見たヤソカミたちは、ふたたびオホナムヂを山に連れ出し、今度は大きな樹木のあいだに仕組んだひめ矢（楔《くさび》）の罠に誘い込んだ。罠にかかったオホナムヂは、ふたたび楔によって打ち殺されてしまう。するとまた母神が死んだ息子を探し出し、蘇生させた。だがヤソカミたちは、執拗にオホナムヂを付け狙う……。

繰り返されるオホナムヂの死と再生。興味深いのは、オホナムヂの蘇生に、赤貝や蛤の貝の女神の霊力が発揮されるところだろう。それは「蛤女房」譚の昔話を彷彿させる。蛤女房も蛤の汁を使って極上の食べ物を作った異界の女性である。赤貝の貝殻の粉と蛤の汁とを混ぜ合わせるのは、火傷に効く治療法であったという。ウサギにたいする蒲黄の薬草とともに、出雲神話の世界は、民間医療の知識とクロスすることも見えてこよう。

しかし一番大切なところは、主人公が死んでも、それで物語が終わってしまうのではなく、何度も蘇生してくることだ。それこそ神話の神話たるところだろう。神話世界のなかで、死は存在の終わりではなく、再生のためのステップなのだ。そしてその再生は、死ぬ前の存在から、さらにグレードアップした存在へと転生することを意味した。少年としてのオホナムヂは死んで、「麗しき壮夫」＝一人前のヲトコ神へと成長したのである。

こうした神話には、成人式の儀礼が反映していると指摘されている。民俗社会に伝わった成人式とは、少年がさまざまな試練を受けて、擬似的な死の体験を経て大人として生まれ変わる儀式であった。異母兄弟たちからの迫害は、少年が成人するための試練でもあったのだ。オホナムヂが何度も死ぬところは、物語が反復、繰り返される口語りの神話世界の残像を伝えてくれよう（三浦佑之『神話と歴史叙述』）。

さて、オホナムヂの母神は、異母兄弟たちの迫害から逃れるために、紀伊の国のオホヤビコという神のもとへと遣わした。それを知ったヤソカミたちは、執拗にオホナムヂを追撃してくるのだが、オホヤビコは無事に逃亡させてくれた。そしてそのとき、オホヤビコは、こう語った——。

須佐能男《すさのを》の命の坐《いま》す根の堅州国《かたすくに》に参向《まゐ》ふべし。必ずその大神議《はか》りたまはむ。

オホナムヂを助けてくれるのは、根の堅州国に鎮座する「大神」、スサノヲである、と。根の堅州国の大神・スサノヲ。オホナムヂは、自分の「先祖」である根の堅州国のスサノヲに出会うことになるのだ。

かくして、オホナムヂは、スサノヲの支配する根の堅州国へと旅立った。

根の堅州国で待ち受けるもの

根の堅州国に辿り着いたオホナムヂは、スサノヲの娘・スセリビメと出会う。ひと目でスセリビメを好きになったオホナムヂは、彼女と情を交わし結ばれた。スセリビメが父のスサノヲに、そのことを告げると、スサノヲはオホナムヂを見て、「こは、葦原の色許男《しこを》の命といふ」と新しい名前を授けた。オホナムヂのもうひとつの名前「アシハラノシコヲ」は、根の堅州国のスサノヲによって命名されるのである。

だが、アシハラノシコヲ＝「葦原の国の勇ましい男」という名前にふさわしいかどうか、アシハラノシコヲとなったオホナムヂはスサノヲから過酷な試練を受けることになる。

スサノヲは、シコヲを家に招くと、その夜はヘビがいる部屋に寝かせた。それを知った妻のスセリビメは、ヘビを撃退する呪具である「ひれ」(女性が肩にかける薄いベール)をシコヲに授けて、「ひれ」を三度振ればヘビは寄ってこないと教えた。その教えのとおりにして、シコヲはヘビの難から逃れた。すると次の日の夜はムカデとハチの部屋に寝かされた。その夜も同じように妻がムカデ、ハチを撃退する「ひれ」を授けてくれたので、無事に過ごすことができた。

翌朝、アシハラノシコヲが平気な顔で出てきたのを見たスサノヲは、風のような音を立てて飛ぶ鳴鏑《なりかぶら》の矢を野原に向けて射って、その矢を取ってくるように命じた。しかしシコヲが鳴鏑の矢を取りに野原に向かうと、スサノヲは、なんと野に火をつけるのだった。火はあっという間に燃え広がり、シコヲは逃げ場を失う。そのときにあらわれたのは……。

ここに、出でむところを知らさぬ間に、鼠来て云ひしく、「内はほらほら、外《と》はすぶすぶ」と、かく言ふゆゑに、そこを踏みしかば、落ち隠り入ります間に、火は焼け過ぎぬ。

〔それで、脱出するところがわからないでいるときに、一匹のネズミがやってきて、「内はほらほら、外はすぶすぶ」という呪文を唱えた。その言葉どおりに、シコヲが地面を踏んだところ大きな穴があき、その穴に隠れているあいだに、穴の上を火が過ぎていった。〕

（『古事記』上つ巻）

アシハラノシコヲのピンチを救ってくれたのは、なんと一匹のネズミであった。なぜネズミなのか。ネズミとは、根の国に棲む。だからネズミ！　そして昔話の「鼠の浄土」にもあるように、ネズミは、異世界において人間の復活を司る聖なる動物でもあったのである。ネズミの鳴き声は、火除けのマジナイとされていたのだろう。

シコヲの入った野原が猛火に包まれるのを見たスセリビメは、夫は焼け死んだものと思い、葬具を用意して泣き悲しんだ。しかし、シコヲは無事脱出して、ふたりのまえに姿をあらわした……。

こうしてアシハラノシコヲとなったオホナムヂは、次々に課せられた試練をクリアしていく。スサノヲが課す試練は、スセリビメと正式に結婚するためのプロセスともいえる。難題婿譚と呼ばれる昔話の類型である。また妻を得ることは、一人前の大人になることだとすれば、根の国での試練とは、成人式の延長ともいえよう。

だが、オホナムヂは、あくまでも葦原の中つ国の「王」となる神である。その意味では、地下世界で過酷な試練をクリアしていく物語は、「王」となるためのイニシエーションと理解しなければならない。その基底に見えてくるのは、シャーマンの成巫《せいふ》儀礼である。

宗教学者のミルチア・エリアーデによれば、シャーマンとなる存在は、夢想や幻視のなかで地下の祖霊のもとに行き、肉体的な苦痛をともなう、さまざまな試練を受けねばならない。その試練を経ることで、彼は地下世界に棲む動物や異界の存在から神秘的な知恵や呪文を授かり、また部族の秘密の神話を教えてもらう。そして異世界の支配者の守護を得ることで、一人前のシャーマンとなるのである。これを成巫儀礼という(M・エリアーデ『シャーマニズム』)。

このエリアーデの説明を聞くと、オホナムヂの根の堅州国来訪の神話世界は、シャーマンの成巫儀礼とそっくりなことに気がつくだろう。彼は、まさしくシャーマン王となる存在であったのだ。なお、シコヲが入った「室屋《むろや》」とは、孤独な物忌屋のことで、ムロヤにおける修行中の夢想や幻視が、この神話のベースにあるという西郷信綱氏の卓見も紹介しておこう(西郷信綱『古代人と夢』)。シャーマニズムとは、神話生成の現場であったのだ。

王への成長。アシハラノシコヲは、いよいよその最後の難関に挑戦する。

「大国主神」の誕生

スサノヲはシコヲを大室《おおむろや》に呼びいれ、自分の頭のシラミ＝ムカデを取ることを命じた。このときも、妻のスセリビメの知恵で、木の実を噛み砕き赤土に混ぜて、ムカデを噛み殺したように見せかけ、スサノヲを安心させた。

スサノヲが眠ってしまうと、その髪の毛を部屋の四隅の垂木《たるき》に結わいつけ動けないようにして、さらに巨大な石で大室の扉を塞いだ。そこでシコヲはスセリビメを背負い、スサノヲの大神がもつ生大刀《いくたち》・生弓矢《いくゆみや》、それに神託の呪具である玉飾りのついた琴を奪い、地上目指して一目散に逃げ出した。髪の毛を結わえられて身動きができなかったスサノヲは、苦労のすえ、ようやく「黄泉つひら坂」でふたりに追いついた。

そのとき、スサノヲは、オホナムヂに向かって大声で、こう宣言した。

その、なが持てる生大刀・生弓矢もちて、なが庶兄弟《ままあにおと》は、坂の御尾《みお》に追ひ伏せ、また河の瀬に追い撥《はら》ひて、おれ、大国主の神となり、また宇都志国玉《うつしくにたま》の神となりて、そのわが女《むすめ》、須世理毘売を適妻《むかひめ》として、宇迦《うか》の山の山本に、底つ石根《いはね》に宮柱ふとしり、高天の原に氷椽《ひぎ》たかしりて居《を》れ。この奴《やつこ》や。

〔そのお前がもっている生大刀と生弓矢で、お前の異母兄弟たちを、山坂の裾ごとに追い伏せ、また川の瀬に追い払え。そしておのれは、大いなる国の主と神（オホクニヌシ）と名乗り、またこの世の国土霊を宿す神（ウツシクニタマ）となって、またわが娘のスセリビメを正妻として、宇迦の山の麓に、地下にがっしりと巨大な柱を立てて、天に届くほどに千木《ちぎ》を高くあげた宮殿を作って住め。こいつめ！」
（『古事記』上つ巻）

かくして、スサノヲから「オホクニヌシ」の名前を授けられたオホナムヂは、葦原の中つ国に帰還すると、根の国の呪具である大刀と弓で異母兄弟たちをことごとく打ち倒し、スセリビメを正式な妻と定め、葦原の中つ国の支配者となった。大いなる国の主、「オホクニヌシ」の誕生である。

地上の王となる者。それは異世界の力を必要とした。王の名前は異世界の神によって授けられるのである。ここには「中心」となる地上は、つねに「周縁」たる異界からの力を得ることで活性化する、という構造を見ることもできよう。

けれども見過ごしてならないのは、オホナムヂが策略を使って、地下世界の呪宝や女性を盗み出し、逃走してくるところだ。けっして平和裏に異界の力が授けられるわけではない。中心と周縁の関係は予定調和的ではなく、たがいに緊張関係にあるのだ。

この世の王となる者は、異世界の神と戦い、その持ち物を知恵や暴力を使って分捕ってくる。それが可能なものが「王」たりうるのである。それこそが「王」へのイニシエーションであった。ちなみに根の堅州国のスサノヲから授かる大刀、弓、琴という呪具は、天皇の三種の神器と対応するような、王のレガリアと見ていいだろう。

根の堅州国のスサノヲ

ところで、オホナムヂに王の力をもたらす異世界は「根の堅州国」と呼ばれ、そこを支配するのはスサノヲであった。オホナムヂが根の堅州国に赴く展開によって、荒ぶる英雄神スサノヲが、「あは妣《はは》が国根《ね》の堅州国に罷《まか》らむ」という言葉通りに根の堅州国に鎮座し、そこで「大神」と呼ばれていることを明かしてくれたのである。オホナムヂが「王」となるための異世界の試練神話は、荒ぶる神スサノヲの物語の結末でもあったのだ。

さらに、根の堅州国と地上との境が「黄泉つひら坂」と呼ばれていたことも重要だ。いうまでもなく「黄泉つひら坂」は、イザナキとイザナミが離縁の宣言をした、葦原の中つ国と黄泉つ国との境界の場所である（Ⅱ章五三頁「「黄泉つ国」で何があったか」参照）。地下世界に続く洞窟の入り口とイメージされる。

ここから見えてくるのは、根の堅州国と黄泉つ国とは、「黄泉つひら坂」という境界を介して、通じていることだ。地上への出口は「黄泉つひら坂」と同じだが、中に入っていくと、ふたつの「国」は、別々の世界へと分かれていく、というイメージである。

荒ぶる神スサノヲが「妣が国根の堅州国」へ行きたいと望んだとき、根の堅州国とイザナミのいる黄泉つ国とは、たしかに重なる世界であった。どちらもこの世からは忌避される穢れた死の国である。だからスサノヲが根の堅州国に行きたいと望んだとき、イザナキは激怒して「この国に住むべからず」と追放したのである。

しかし、いまオホナムヂの神話へと展開したところから見ると、「根の堅州国」のイメージは、変化してきているようだ。そう、オホナムヂにとって、根の堅州国は、この世から忌避される穢れた死の国ではない。根の堅州国の呪宝が、この世＝葦原の中つ国を支配していく重要なアイテムとなっているのだから。ここで根の堅州国は、地上に豊饒をもたらす根源的な力のひそむ場所という解釈が可能となるだろう（西郷、前出書）。

黄泉つ国と根の堅州国。そのふたつの異界には、『古事記』に表現された「死」にたいするふたつの観念がこめられていると考えられる。黄泉つ国は、死んで肉体は腐っていく、再生不能の穢れた死の国。それにたいして、根の堅州国は、死んで、あらたな力を授かって再生できる場所、であった。そして荒ぶるスサノヲが、物語の展開にそって変貌していくように、根の堅州国のあり方も変貌していったことが考えられよう。スサノヲが鎮座した根の堅州国は、地上の国から忌避される穢れた場所ではなく、地上に豊饒をもたらす場所へと変貌していたのである。「国」も、その神との関係のなかで成長するのだ。

なお「黄泉つひら坂」が、「今、出雲の国の伊賦夜坂といふ」と、出雲の国に結び付けられていることも、出雲を舞台とするオホクニヌシの神話との関係を暗示している。

「王」をめぐる女性たち

あらためてオホナムヂが「大国主神」へと成長する神話を見渡してみると、女性たちが大きな役割をもつことに気がつく。因幡のヤカミヒメ、母神、キサガヒヒメ、ウムガヒヒメ、そしてスセリビメ…。彼の周りにはいつも女性たちがいる。そしてその女性たちは、霊的な力をもつ、いわば巫女的存在であった。

ここには、王となるものが、つねに巫女たちによって守られている王権の構造を見出すこともできよう。女性たちを惹きつける魅力も「王」なるものの条件であったのである。王の「色好み」という解釈にも結びつくところだ。ちなみに、平安時代の『源氏物語』の主人公・光源氏も、その系譜のうえにあった。

王となる神と女性たちとの関わりを語る神話世界。それはさらに豊饒な物語を導くことになる。

根の堅州国から帰還したオホクニヌシのその後を見てみよう。

大いなる国の主の神となったオホクニヌシは、約束通り因幡のヤカミヒメと結婚した。だが、子どもが生まれると、ヤカミヒメは正妻のスセリビメを恐れて、生んだ子は因幡の国へと返してしまう。このエピソードは、王をめぐる女性たちの確執の幕開けを意味するものであった。

『古事記』は続いて「ヤチホコノカミ」と呼ばれるオホクニヌシの、あらたな物語を伝える。ヤチホコノカミは、高志《こし》の国のヌナカハヒメに求婚しようと旅立った。以下、その経緯が語られるのだが、ここで『古事記』は今までとはまったく異なる色合いの世界になる。散文形式で描かれてきた神話にたいして、ヌナカハヒメの求婚譚は歌謡劇とでもいうべきスタイルになるのである。
歌謡によって展開していく劇の舞台を覗いてみよう。

八千矛《やちほこ》の　神の命《みこと》は／八島国　妻枕《ま》きかねて／とほとほし　高志の国に／さかし女を　ありと聞かして／くはし女を　ありと聞こして／さよばひに　ありたたし／よばひに　あり通はせ／太刀が緒も　いまだ解かずて／おすひをも　いまだ解かねば／をとめの　寝《な》すや板戸を／押そぶらひ　わが立たせれば／引こづらひ　わが立たせれば／青山に　ぬえは鳴きぬ／さ野つ鳥　きぎしは響《とよ》む／庭つ鳥　かけは鳴く／うれたくも　鳴くなる鳥か／この鳥も　打ち止《や》めこせね／いしたふや　海人馳使《あまはせづかひ》／事の　語り言《ごと》も　こをば

〔ヤチホコノの神さまは、多くの島、国のなかで妻が見つからず、遠い北陸の地方に賢い女がいるとお聞きになって、肌理《きめ》細やかな美女がいるとお聞きになって、求婚にお出かけになり、何度も通い続けたところ、太刀の紐もまだ解かず、頭からかぶる上着も解かないのに、乙女が寝ておられる家の板戸を押しゆさぶって、わたしが立っておられると、無理やり引っ張ってわたしが立っておられると、緑濃い山に鵺《ぬえ》は鳴く、野にいる雉の声が響く、庭にいる鶏も鳴きだした。いまいましくも鳴く鳥どもめ。こんな鳥は鳴きやめさせてくれ。

海人部の走り使いたちよ……。以上が、事の次第を語り伝える詞章である。」

（『古事記』上つ巻）

夜、乙女の家を訪れて、求愛するために扉をあけようとしたら、夜明けを告げる鳥たちが鳴きだした。憎らしい鳥どもだ、打ち殺してしまえ……、と、ヤチホコノカミの滑稽な姿がコミカルな歌謡仕立てで描き出される。

続いて、ヌナカハヒメは、家の戸のなかから男の求婚を体よく拒否する返事を歌う。それは、最初の夜は拒否するという結婚のルールに従うものだ。そして明くる日の夜、ふたりはめでたく結ばれた。

次に場面は変わって、出雲の国のスセリビメに移る。正妻のスセリビメは、夫が新しい妻を得たことに激しく嫉妬する。それを知ったヤチホコノカミは、出立の準備をしながら、スセリビメへの愛を誓う歌を歌う。続いてスセリビメは、大きな杯を取って夫の傍らに立ちながら、男であるあなたはあちこちに妻をもたれるだろうが、女である自分には夫とする男性はあなたしかいない、だからわたしを抱いて、可愛がってという官能溢れる歌を歌う。そこで二神は酒を飲み交わして夫婦の契りを固め、首に手を掛け合う姿で今に至るまで鎮まっている……。

このようにヤチホコノカミの神話は、長い歌謡を中心に物語が展開していく、まさしく歌謡劇仕立てになっている。その歌謡劇を『古事記』は「神語り」と命名する。歌謡中にも「事の語り言も……」とあるように、歌と語りとが一体と認識されていることがわかるだろう。ここから古層の神話は歌謡のスタイルで共同体祭祀の場で歌われるものではなかったか、と想定する説も提示された（古橋信孝『古代歌謡論』）。神話の始元的なスタイルを、ヤチホコノカミの歌謡劇から透視していくのである。

ヤチホコノカミの神語りの歌謡には、「八千矛の 神の命は」と三人称で歌いはじめながら、途中から「わが立たせれば」という一人称に変わる。その表現は、自分の行為に自分で敬語をつける独特なスタイルである。「自称敬語」と呼ばれるものだ。神自身が、神を敬い、神を祭る者の立場から自らについて語る「神の自叙」のスタイルといえよう。神の言葉であることを保証する表現ロジックである（斎藤英喜「表現としての『古事記』」）。ヤチホコノカミの歌謡劇は、まさしく「神語り」であったことが、表現の形態からも見えてこよう。

それにしても、大いなる国の主となったオホクニヌシの神話世界は、なぜ女性たちとの関係を語る歌謡劇から始まるのだろうか。

ヤチホコノカミは「多数の矛をもつ神」という意味である。その武人的な姿は歌謡にも見える。もちろん「矛」は男性の象徴でもあろう。高志の国のヌナカハヒメへの求婚とは、出雲の国の王が地方を征服していく過程を象徴していたともいえよう。地方の巫女的女性を手に入れることで、巫女の祭る神霊の魂を自らに付着させ、その国の支配を完全なものにするという発想だ。女性をめぐる歌謡劇の背景には、政治的な意味合いが潜んでいたのである。

海の彼方から寄り来る神

さて、いよいよ葦原の中つ国の「国作り」の最終ラウンドが始まる。次に登場するのは、オホクニヌシの手助けをしてくれる神々である。それは海の彼方からやってくる。

かれ、大国主の神、出雲の御大《みほ》の御前《みさき》に坐《いま》す時に、波の穂より天《あめ》の羅摩《かがみ》の船に乗りて、鵝《ひむし》の皮を内剝《うつは》ぎに剝ぎて衣服《きもの》にして、帰《よ》り来る神あり。

〔さて、オホクニヌシが出雲の美保の岬にいるとき、波頭を伝わってかがみ芋のような小船に乗って、ヒムシの皮を剝いだ着物を着て、近寄ってくる神があった。〕(『古事記』上つ巻)

海の彼方から寄り来る、小さな姿の神。オホクニヌシが名を問うても答えず、また従える多数の神たちも、その素性を知らなかった。ところがそこにタニグク＝ひき蛙が「クエビコならばご存知」というので、クエビコなる者を探し出し、問いただすと「この神は、カムムスヒの御子で、スクナビコナの神という」と教えてくれた。

オホクニヌシが、天上世界のカムムスヒに確認すると、「それは自分の手の指のあいだから漏れ落ちた子である。ふたりは兄弟になり、葦原の中つ国をしっかりと支配しなさい」という。かくしてオホナムヂ（オホクニヌシ）とスクナビコナは協力してこの国の支配を固めていったのだが、ほどなくスクナビコナは、海の彼方の常世《とこよ》の国へと渡ってしまった。
ちなみにスクナビコナの名前を明かしたクエビコとは、いま「山田の曾富騰《そほど》」という案山子《かかし》のこと。一本足で歩行はできないが、世界の隅々まで知りぬいた知恵者の神である。

久延彦神社（奈良県桜井市）

スクナビコナが去ったあと、しばらくすると、ふたたび海を光り照らしながらやってくる神があった。その神は、「わたしの魂をしっかり祭ってくれれば、国の支配に協力しよう」というので、オホクニヌシがどのように祭ればよいかと尋ねた。光り輝く神は「わたしを倭《やまと》の青々と垣のようにめぐる東の山に、身を清めて祭りなさい」と答えた。この神こそ、後に大和の三輪山に祭られる神であった……。

葦原の中つ国の王として、国の支配を固めていくオホクニヌシ。彼の援助者となるのは、海の彼方からやってくる神たちであった。地上の王が「根の堅州国」の次に必要とした異界は、海の彼方という異郷の神の力である。地上世界の支配は、つねに異界からのバックアップを受けねばならないのだ。

最初のスクナビコナは、柳田國男によって、「小さ子神」の系譜のなかに位置づけられた神だ（柳田國男『桃太郎の誕生』）。一寸法師やかぐや姫、親指姫など、昔話のルーツとなる小さ子神である。スクナビコナ＝小さ子神とオホナムヂ＝巨人神とが協力して国を作るという伝説的な世界が、この神話の背景にあるだろう。ちなみに『播磨《はりま》国風土記』には、スクナビコナとオホナムヂの傑作な我慢比べの伝承が伝わっている。

もうひとりの光り輝く神は、大和の三輪山に祭られる神と位置づけられていく。『日本書紀』の一書〔第六〕では、この神をオホナムヂの「幸魂《さきみたま》・奇魂《くしみたま》」と語っている。オホナムヂ自身の神秘的な魂の働きが海の彼方から来訪する、分身譚とでもいうような神話になっているのが面白い。大和の国の三輪山に祭られるのはオホモノヌシである。

なお、この神は、後の天皇の時代に、恐ろしい祟り神として再登場してくるのだが、そのエピソードは、Ⅶ章で……。

それにしても、出雲のオホクニヌシの国作りの最終ラウンドで、なぜ突然、大和の三輪山の神が出てくるのだろうか。それはオホクニヌシが「大いなる国の主」としての支配を確立させた葦原の中つ国が、アマテラスの子孫たるヤマトの大王（天皇）に譲られていく、いわゆる国譲りの神話への展開を暗示していよう。なかなか巧妙な語り口といえよう。

ウサギ・ネズミ・カエルの神話世界

あらためて出雲を舞台とする神話世界を見渡してみると、ひとつの特徴に気がつく。稲羽のシロウサギにはじまり、根の堅州国のネズミ、さらにタニグク＝カエルなど、動物たちが会話し、活躍をするエピソードが多いことだ。これに案山子が知恵者として登場することも加えていいだろう。

たとえば「神話」をファンタジーやメルヘンと見たとき、動物や植物が人間と同じように自由に喋り、人間たちと交流している世界は、べつだん不思議なことではないだろう。ところが、『古事記』の神話のなかで、動物たちが自由に言葉を話すシーンというのは、じつは、「出雲」を舞台した神話が唯一であった。それ以外の神話では、たとえばイザナキが桃の実に話しかけて、「オホカムズミ」という名前を与えるシーンはあるが（Ⅱ章五四頁）、「桃の実」が喋ったりはしない。またアマテラスやスサノヲが活躍する場面でも、彼らと動物たちが会話をするエピソードはまったくない。ウサギ、ネズミ、そしてカエルたちが自由に言葉を発するのは、オホクニヌシが活躍する出雲神話の特徴だといえよう。

このことは、どう考えればいいだろうか。たとえば思想家の吉本隆明氏は、動物や植物が言葉を発する世界は、われわれ人間の「幼少期の体験」に通じるとともに、「自然と人間とが同じレベルで区別できずに融合しているプレ・アジア的な認識（アフリカ的段階）」という、人類史の幼少期として見ていく（吉本隆明『アフリカ的段階について』）。たしかにわれわれも、子どものときに、飼っていた犬や猫と自由に言葉を交わしていただろう。そしてあるとき、犬たちは喋っていないことに気がつくのだ。

出雲を舞台としたオホクニヌシの神話は、人間と動物とが同じレベルで生きている、人類史のもっとも古層の世界を象徴しているといえよう。人類学的には「アニミズム」の世界と呼べる。動物や植物、鉱石にも霊が宿り、人間たちと区別なく交流していた世界である。イマ風にいえば、自然と人間の共生空間といってもよい。そのなかから、他の人間とは区別されて、一般の人間たちにはできなくなった、動物や植物とのコミュニケーションを可能とする存在こそがシャーマンであった。オホクニヌシには、アニミズム的な世界をベースにしつつ、そこから屹立してくるシャーマン王の相貌が読みとれるのである。

さて、こうしたオホクニヌシの世界にたいして、高天の原の神々は「いたくさやぎてありなり」という。ウサギやネズミなどが自由に喋る世界は「道速振《ちはやぶ》る荒振る国つ神」たちの世界と規定され、騒がしく、無秩序な未開の場所として平定しようとするのだ。ちなみに『日本書紀』正文では「草《くさ》木咸《きみなよ》能く言語《ものいふこと》有り」と記している。

さて、いよいよここから高天の原の神々と出雲の神々との戦いが始まる――。

神々の戦いの顚末

オホクニヌシによって、葦原の中つ国の国作りがようやく完了すると、高天の原のタカミムスヒ・アマテラスたちは、地上の本当の支配者は、高天の原の神の子孫（天皇）であると宣言する。そして使者神を派遣して、オホクニヌシに「言趣《ことむ》け」＝服従を迫る。ちみに「言趣け」とは、服従する相手が誓いの言葉を発する意味である（神野志隆光『古事記の達成』）。

一番目に派遣されたアメノホヒは、オホクニヌシに媚付《こびつ》いてしまい、三年たっても復命しなかった（アメノホヒが、後にオホクニヌシ祭祀を司る出雲の国の造《みやつこ》の始祖となる）。続いて二番目はアメノワカヒコ。ワカヒコには天のまかこ弓（鹿を射る矢）、天のはは矢（大蛇を射殺する矢）といった特別の武器も与えたが、彼はオホクニヌシの娘のシタデルヒメを妻として、裏切ってしまう。

そこで三番目の使者神が遣わされた。タケミカヅチとアメノトリフネの神である。

> ここをもちて、この二はしらの神、出雲の国の伊耶佐《いざさ》の小浜《をばま》に降《くだ》り到りまして、十掬剣《とつかつるぎ》を抜き、逆《さかさま》に浪の穂に刺し立て、その剣の前《さき》に趺坐《あぐみゐ》て、その大国主の神に問ひて言《の》らししく、「天照《あまてらす》大御神《おほみかみ》・高木《たかぎ》の神の命もちて問ひに使はせり。ながうしはける葦原の中つ国は、あが御子の知らす国と言依《ことよ》さしたまひき。かれ、なが心いかに」

〔ここに、タケミカヅチとアメノトリフネの神の二神は、出雲の国の稲佐の浜に天降ってきて、長い剣を抜いて、剣の切っ先を上にして浪がしらに刺し立て、その剣の先に胡坐を組んで、オホクニヌシに問いただした。「アマテラスとタカギの神の仰せで、お前の意向を尋ねに遣わされたものだ。お前が領有している、この葦原の中つ国は、本来はわが御子の治めるべき国とお前に委任したものである。そこで、お前の意思はいかがか」と。」

（『古事記』上つ巻）

稲佐の浜（島根県出雲市大社町）

波が打ち寄せる海辺で、剣の切っ先に胡坐を組んだタケミカヅチが、葦原の中つ国の支配権をアマテラスの御子に譲るように迫る有名な場面だ。タケミカヅチは、まさしく剣の象徴であり、武神。神祇官《じんぎかん》の長官職を独占する中臣氏の氏神ともされる。

それにたいしてオオクニヌシは、自らはタケミカヅチにたいして答えることはしない。息子のヤヘコトシロヌシ、タケミナカタの神に対応をまかせる。しかし美保の岬にいたコトシロヌシは、即座に服従を誓い、自らは船を踏み傾けて、それを青柴垣《あおふしがき》に変えて隠れてしまう。次のタケミナカタは、勇ましく、タケミカヅチと争う姿勢を示し、力競べを申し出る。だが、摑もうとしたタケミカヅチの腕は氷柱や剣に変化し、逆にタケミナカタの腕は、若い葦を取るようにたやすく摑まれ、投げ飛ばされてしまう。恐れをなしたタケミナカタは、信濃の国の諏訪湖まで逃げて行き、二度とふたたびそこから出ず、葦原の中つ国はアマテラスの御子に献上することを誓った。
かくして、息子たちを失ったオホクニヌシは、国の献上を誓う。だが、それにはひとつの条件があると、オホクニヌシは最後の抵抗をする。その条件とは――。

怨霊信仰の原型として

国譲りの条件として、オホクニヌシはこう要求をした。

あが子等二はしらの神の白《まを》すまにまに、あも違はじ。この葦原の中つ国は、命のまにまにすでに献《たてまつ》らむ。ただあが住居《すみか》のみは、天つ神の御子の天《あま》つ日継《ひつぎ》知らしめすとだる天《あめ》の御巣《みす》のごとくして、底《そこ》つ石根《いはね》に宮柱ふとしり、高天の原に氷木《ひぎ》たかしりて、治めたまはば、あは百足《ももた》らず八十坰手《やそくまで》に隠りて侍らむ。また、あが子等百八十神《ももやそかみ》は、八重事代主《やへことしろぬし》の神、神の御尾前《みをさき》となりて仕へまつらば、違《たが》ふ神はあらじ。

〈わたしの子どもたち、ふたりの神たちの申すとおりに、わたしも背きますまい。この葦原の中つ国は、仰せのままにすべて献上いたしましょう。ただし、わたしの住居だけは、アマテラスの御子たちが代々継承されていく、立派な天の住居のように、地下にがっしりと巨大な柱を立てて、天に届くほどに千木を高くあげた神殿を造ってくださるならば、わ

出雲大社

たしは、多くの道を曲がりくねった先の、遠い隅の世界＝出雲に隠れておりましょう。また、わたしの子どもの多くの神々は、ヤヘコトシロヌシが多くの神たちの先頭として統率することで、背く神はありますまい。」

（『古事記』上つ巻）

我を天皇の宮殿と同じくらいりっぱな神殿で永遠に祭れ――。これがオホクニヌシの提示した「国譲り」の条件であった。そしてオホクニヌシの要求は受け入れられ、出雲の国の「多芸志の小浜」に「天の御舎」＝りっぱな神殿を造営してもらい、オホクニヌシはそこに鎮まることになった。その「天の御舎」こそ、現在の出雲大社である（ただし、その前身という説もある）。平成十二年（二〇〇〇）四月に発見された巨大柱の遺構は、地下深く埋め込まれた巨大な柱、天高くそびえる屋根……という表現がたんなる比喩でなかったことを教えてくれたのである。

オオクニヌシの「国譲り」とは、政治的にみれば、ヤマトの天皇王権に抵抗した勢力の敗北を意味していよう。オホクニヌシのふたりの息子たちの姿には、恭順な「県主《あがたぬし》」系の集団と反逆や反乱を繰り返した「国造《くにのみやつこ》」系の集団のイメージが塗りこまれている。ここでオホクニヌシが、多くの地方首長たちを一身に綜合集約した神格であることはまちがいない（西郷信綱『古事記研究』）。

しかし『古事記』の神話世界にとって見過ごせないポイントは、オホクニヌシの祭祀が強調されているところだ。あらたに土地の支配者となったものは、古くから土地にいた神を祭り鎮めることが、土地支配の宗教的な保証となる。もしそれを怠れば、土地神は祟りをなして、支配も維持できなくなる。オホクニヌシが国譲りの条件とした、巨大神殿での祭祀の約束とは、じつは新しい支配者となるアマテラスからの意思の反映でもあったといえよう。

コトシロヌシの「青柴垣」に隠れるエピソードは、現在もコトシロヌシを祭神とする美保神社の祭礼・青柴垣神事として再現されている（もちろん古代以来のものではないが）。また、諏訪の地に逃げていったタケミナカタも、諏訪大社に祭られる神として、平安時代前期成立の『先代旧事本紀《せんだいくじほんぎ》』にも記されている。国譲りの神話とは、多様な土地神たちの祭り鎮めの由来を集約したものといえよう。オホクニヌシの言葉は、そのクライマックスであった。

オホクニヌシの国譲り。そして出雲大社の創建と鎮座。オホクニヌシ神話の「結末」は、アマテラスの御子たち（天皇）が、地上支配を維持するための前提である。いいかえれば、オホクニヌシ

美保神社（島根県松江市美保関町）

の祭祀こそが、天皇支配の正統性を確保するものであったのだ。

政治的に敗北したものたちを「神」として祭ること。それは後の怨霊信仰の原型ともいえようか。敗れた神＝オホクニヌシの怨霊の祟りは、じつは『古事記』のなかにもしっかりと記されていた。垂仁《すいにん》天皇の条である。その顛末は、Ⅶ章で紹介しよう。

「出雲」をめぐる『記』『紀』の違いとは

オホナムヂと呼ばれた少年神は、「王」となって葦原の中つ国を支配する。だがその国をアマテラスの子孫に譲渡することで、自らは出雲の地の大社に祭られる神となり、身を隠していく。その物語は、まさしく成長する神の典型的なスタイルともいえよう。

ところで、「出雲」を舞台としたオホクニヌシの神話は、『古事記』の神話世界の約四分の一のスペースを占めるほど充実している。『古事記』がオホクニヌシを重視していることは明らかだ。オホクニヌシは、『古事記』の神話世界を代表する神ともいえよう。

しかし、なぜ『古事記』は、それほどまでオホクニヌシの神話にこだわるのだろうか。『古事記』が、アマテラスの子孫たる天皇の地上支配の正統性とその起源をテーマとするならば、服属させたオホクニヌシのことを、そんなに詳しく記す必要もないだろう。あるいは、ヤマトの天皇王権にとつては、自分たちがいかに強大な敵を屈服させたかをアピールするためにオホクニヌシ神話をあえて詳しく語ったと逆接的な解釈もできるかもしれない。

あらためて、『古事記』の神話世界のなかで、オホクニヌシは、そして「出雲」とは、どういう意味をもっているのだろうか。

かなり難しい問題だが、『日本書紀』と対比して考えてみよう。『日本書紀』と『古事記』とでは、オホクニヌシ神話の扱いがまったく異なっているからだ。

『日本書紀』には、これまで見てきたオホクニヌシの成長譚——稲羽の白兎も、根の堅州国も、ヤチホコノカミの歌謡劇も、スクナビコナの渡来のことも、そして出雲大社創建の由来も、まったく記されていなかった。そもそも『日本書紀』の正文には、「大国主神」という尊称もないのだ。ただ「大己貴神《おほあなむちのかみ》」と呼ばれる神が、天孫に国を譲ることを誓い、自らは「百足《ももた》らず八十隈《やそくまで》に隠去《かく》りなむ」と隠退したことだけが、あっさり記されているだけなのである（ただし一書〔第一〕〔第六〕には「大国主神」の名前が出る）。ここからは八世紀の律令国家の正史たろうとする『日本書紀』にとって、『古事記』が伝える「出雲」の神話は、過去の、棄てられた世界でしかないという見方も可能だろう（三浦佑之『古事記講義』）。

さらに注目したいのは、『日本書紀』のなかでは、オホナムヂのことを「多に《さは》蛍火《ほたるび》なす光る神と蠅声《さばへ》なす邪神《あしきかみ》」（正文）、「残賊強暴《ちはやぶ》る横悪《あ》しき神」（一書〔第二〕）と呼んでいるところだ。まさに服従させるべき「悪神」という役割だ。そんな悪神についての成長物語は、一切カットするということだろう。

「邪神」「悪神」という呼び方。それは『日本書紀』のなかのスサノヲとも共通するものだ。そして神々の世界を正／邪、善／悪と明確に二分して認識する立場は、世界の成り立ちを陰陽の二元論から説明した、中国伝来の発想を基盤にするものであった。世界が陰と陽の二元的な対立・和合から生成するように、善と悪の対立が世界を変化させると捉える思想である。それは『日本書紀』が、中国伝来の思想を「世界標準」とするグローバル・スタンダードな神話世界をめざしたことと対応する。『日本書紀』がオホナムヂを「悪神」として規定し、善なる高天の原のアマテラスに屈服するだけの神としか扱わないのは、陰陽論の立場にたつかぎり、必然的な記述といえよう。

一方、『古事記』では出雲のオホクニヌシを「荒ぶる神」と呼ぶが、けっして彼らを「邪神」「悪神」と規定することはない。「荒ぶる神」という言い方は、善悪の二元論的発想とは違う認識なのだ。荒ぶる神とは、荒々しい未開の力をもつ神であるが、同時に始元のピュアなエネルギーが顕れる神でもあったのだ（斎藤英喜「あれ（荒れ・生れ）」）。『日本書紀』が作り出す善悪二元論的な世界＝グローバル・スタンダードにたいする反発・違和が、『古事記』のオホクニヌシ神話の豊饒な語りを作り出したといえよう。まさしく出雲を舞台とするオホクニヌシ神話は、「ローカル・アイデンティテイ」を構築する『古事記』の中心を担ったのである。

＊＊＊

荒ぶる英雄神スサノヲ、そして葦原の中つ国の王オホクニヌシ。彼らの神話ストーリーのなかで、つねに対決の相手として登場する神こそ、高天の原の主宰神であり、天皇王権の始祖神たるアマテラスである。太陽の女神でもあるアマテラスは、しかし『古事記』の神話世界のなかでは、政治性が色濃い、抽象的な神格というイメージが強い。権力の側で作られた神格、というように。日本神話のなかで、アマテラスはスサノヲやオホクニヌシらにくらべて、行動しない神として、魅力が欠けるというのが一般的な評価だ。

しかし、アマテラスは、ほんとうに魅力に乏しい神なのか……。

ある出雲大社参拝記

平成二十年（二〇〇八）、出雲大社では、六〇年に一度の「平成の大遷宮」が執行された。オホクニヌシが鎮座する御正殿の修理が行われるので、別の場所に遷座することになった。その期間、

公開中の出雲大社正殿

いわば神さまがお留守のあいだ、普段は立入ることのできない御正殿が一般に公開され、多くの人びとが正殿奥の御神座や「八雲」（実際には七雲）が描かれた天井などを目にすることができた。もっとも参拝者は、正殿の外側の回廊を一周することが許されただけで、いわば廊下のほうから、正殿の奥を拝見したにすぎなかったのだが……。

さて、普段はけっして立入ることのできない、出雲大社の御正殿。だがかつて、その聖なる場所への昇殿を許された、ひとり異邦人がいた。後に小泉八雲の名で、多くの日本人に親しまれた、あの『怪談』の著者、ラフカディオ・ハーン（一八五〇〜一九〇四）である。

明治二十三年（一八九〇）九月のある美しい午後、ラフカディオ・ハーンは、松江から小さな蒸気船に乗って宍道湖《しんじこ》を渡った。彼がめざしたのは、杵築《きづき》。そこに鎮座する「日本最古の社」、出雲大社である。彼の出雲大社参拝のことは、珠玉のエッセイ「杵築―日本最古の神社」（講談社学術文庫『神々の国の首都』収録）に語られている。ハーンに導かれて、われわれも出雲大社を訪れることにしよう。

ラフカディオ・ハーンに導かれて

夜。漆喰の闇に包まれた境内。その闇のなかを行きかう、か細い黄色の蛍の光に見まがう提灯の灯り、荒垣のうちから聞こえてくる、たぎる瀬の響きのような柏手の音。そして古代アッシリアの占星官を思わせる神官たちの厳粛な姿。霧と神話の聖地の静けさ——。

だが、異邦人ハーンをもっとも惹きつけたのは、出雲大社の至高の神主・出雲国造《こくそう》であった。ハーンは、オオクニヌシが祭られる御正殿への昇殿を許され、そこに居並ぶ神官たちのなかでもとくに威厳を漂わせた、美しい鬚《ひげ》の人物、出雲国造（千家尊紀《せんけたかのり》）と直接面会した。この出雲国造こそ、『古事記』の神話に由来する、聖なる人物であったのだ。その由来とは……。

ここで出雲大社から天空へと飛翔し、天上の神々の世界、高天の原で繰り広げられたアマテラスとスサノヲの「うけひ」の場面に立ち会ってみよう。スサノヲとアマテラスは、それぞれ身に佩《は》く剣と体や髪に巻きつけた勾玉《まがたま》を交換し、勾玉からは五人の男神、剣からは三人の女神を誕生させた。このとき、アマテラスの髪に巻きつけた勾玉から生み出された二番目の男神が、出雲国造の始祖たるアメノホヒである。ちなみに最初の男神・アメノオシホミミが天皇家の系譜に繋がっていく。

さて、アマテラスが出雲のオオクニヌシに「国譲り」を迫るとき、アマテラスの命令を受けて「言向け」の最初の使者として派遣されたのが、「うけひ」で誕生したアメノホヒであった。だがアマテラスの命を受けたアメノホヒは、なんとオオクニヌシに「媚び付」いてしまう。最初の交渉は失敗するのだ。けれども、この神話こそが、アメノホヒの子孫がオオクニヌシを祭る出雲国造となる起源であったのだ。「媚び付く」とは、神の心に従うという意味とも解釈できよう。

「国譲り」の浜辺から

ふたたび出雲大社の境内に戻ってみると――、ふと気づく。この古社の周囲に潮の香りが漂っていることに。大社からしばらく歩くと、日本海の荒波が打ち寄せる浜辺に出る。白砂のひろがる「稲佐の浜」である。その浜こそ、かつて「国譲り」のときに、オオクニヌシに「媚び付」いたアメノホヒに代わって、葦原の中つ国平定の三番手として派遣されたタケミカヅチが天から降った場所であり、オオクニヌシの子・タケミナカタがタケミカヅチと力競べをした場所であったのだ。

「国譲り」にまつわる聖地、稲佐の浜。ぬばたまの夜のしじまのなか、その浜辺に立つと、打ち寄せる波の音は、いつか海の彼方から来臨してくる多くの神々の声となって聞こえてくる。そう、旧暦十月十日の夜、この浜をめざして日本各地から八百万の神々が訪れてくるのである。その神たちを迎える祭りを「神迎祭《かみむかえさい》」という。旧暦十月の月の異名は「神無月《かんなづき》」。全国の神さまたちが出雲の地に参集し、国々では神が留守になるので、その異名がついたという。だから逆に出雲では「神在月《かみありづき》」という。今も、稲佐の浜で行われる「神迎祭」は、その由来にもとづく、出雲大社最大の祭りであった。

稲佐の浜の神迎祭

われわれも冬の厳しい風波がたつ稲佐の浜の、神迎祭に臨もう。暗闇の浜辺に置かれたヒモロギ。風に揺らぐ榊《さかき》。そして闇のなかに浮かんでくるのは、白装束の神官たち。やがて「オー」という警蹕《けいひつ》の声が響き渡り、全国の神々が浜辺に到着したことが知らされる。龍蛇神を先導に、国造が待つ大社へと神々の行列が続く……。

どこまでも続く、長い神々の行列。いつかその姿は、神々ならぬ、出雲大社を信仰する信者たちの姿へと変わっていく。その日、文字通り、日本各地から出雲大社の信者たち（「出雲大社教」と呼ばれる）が、ここに集まってくるのであった。彼らは巨大な注連縄《しめなわ》の張られた神楽殿《かぐらでん》に集合する。ひしめきあう彼らの多くは、「先生」と呼ばれる霊能者や祈祷者を中心としたグループにわかれていた。出雲大社は今も生きているオホクニヌシ信仰のメッカなのだ。

猪目の洞窟（島根県平田市）

冥界への通路として

ところで、ラフカディオ・ハーンは、出雲国造の印象について、「古代ギリシアの秘儀を司る神官のようだ」と記している。その文章、ハーンの原文を直訳すると「古代ギリシアのエレウシスの秘儀を司る最高位の神官」になるという。エレウシスの秘儀の神官とはなにか。それは人間の生死の秘密を知り、その再生の秘儀を執行する神官である。その神殿に祭られるのは、冥府の世界、地下の暗黒の象徴たるデメテルやペルセポネ女神であった。ちなみに、ハーンは、ギリシアの女性を母に生まれたのである。

ハーンの出雲国造にたいする印象は、意外なほど出雲大社の深層とシンクロしていく。出雲大社は、冥界との接点、あるいは「冥府」そのものを象徴していたからだ。

大社から東北の方角、日本海に面した海岸の一角に「猪目《いのめ》の洞窟」と呼ばれる洞窟がある。そこを訪れたとき、われわれはいやおうなく、出雲が冥界＝黄泉つ国に通じていることを知らされる。

猪目の洞窟こそ、イザナミのいる黄泉国への入り口であったからだ。実際そこは、縄文・弥生期の風葬の跡であった。さらに土地の人びとの伝えによれば、猪目の洞窟を奥まで行くと、出雲大社の裏手に出るというのだ。出雲大社が黄泉つ国ということになるのだろうか。ちなみに、出雲大社の柏手の打ち方は、「四拍手《しはくしゅ》」という。普通の神社では「二拍手」で柏手は二回なのだが、出雲大社は四回柏手を打つのだ。「四拍手」は、「死」に繋がるという解釈もあるが、実際、古神道における神葬祭の柏手は「四拍手」であった。

冥界の府・出雲大社。そこに鎮まるオホクニヌシは、まさに冥府を知らしめす神ということになろう。それは『古事記』を大きく跳躍する、あらたな神話世界である。出雲大社＝冥府説は、じつは江戸時代末期の国学者・平田篤胤《ひらたあつたね》が唱えた説であったのだ。出雲には篤胤の弟子たちが多くいた。そして期せずして、異邦人ラフカディオ・ハーンは、篤胤の学統に連なることになるのであった。

それにしても、出雲大社の夜は、濃密な闇に包まれていた……。

V

アマテラスの章——戦う女神から皇祖神へ

これまでのアマテラス研究のテーマは、天皇制イデオロギーと結びついたその神格の政治性や作為性を暴く、といった方向のものが多い。大和王権の拡大、律令制統一国家の成立に対応するかたちで、政治的に形成された神、といった歴史学的な論点だ。「伊勢神宮」の成立ともリンクして、アマテラスが古代律令制国家の中枢に位置する神格であることはまちがいないだろう。

しかし、そうした政治史的、イデオロギー的な解釈を離れ、『古事記』の神話世界の内部から、アマテラス神話を読み直してみよう。そのとき、意外なことに、抽象的・観念的とされるアマテラスのなかにも、スサノヲやオホクニヌシと同様に成長していく神の相貌が見えてくるのである。彼女は、けっして観念的に造作された神ではないのだ。

この章では、アマテラスの見落とされてきた魅力を探り出してみよう。

戦う女神・アマテラス

物語は、追放されたスサノヲが高天の原に昇ってくる場面に遡る。スサノヲを待ち受けるアマテラスの姿にフォーカスをしぼり、ふたりの葛藤を読み直してみよう。スサノヲと対峙するアマテラスの、その武装シーン――。

すなはち御髪《みかみ》を解かし、御《み》みづらに纏《ま》かして、すなはち左右《ひだりみぎ》の御みづらにも御縵《みかづら》にも、左右の御手にも、おのもおのも八尺《やさか》の勾璁《まがたま》の五百《いほ》つのみすまるの珠を纏き持たして、そびらには千入《ちのり》の靫《ゆき》を負ひ、ひらには五百入《いほのり》の靫を付け、また、いつの竹鞆《たかとも》を取り佩《お》ばして、弓腹《ゆばら》振り立てて、堅庭《かたには》は向股《むかもも》に踏みなづみ、沫雪《あわゆき》なす蹶《く》ゑ散《はら》かして、いつの男建《おたけ》び踏み建びて待ち問ひたまひしく、「何のゆゑにか上《のぼ》り来ませる」

〔すぐさま髪を解き、男子の髪型の角髪に巻いて、そして左右の角髪にも髪飾りにも、左右の手にもそれぞれ、多くの勾玉を巻き持って、背中には千本も入るような矢入れを負い、脇腹には五百本も入る矢入れを付け、また威力ある竹製の鞆を左手の手首の内側に付け、敵にむかって弓を振り上げ構えの姿勢になり、硬い土の庭に腿《もも》が埋まるほどに力をこめて、地面の土を淡雪のように蹴散らかし、雄雄《おお》しくスサノヲを待ち受けて「何のために昇ってきたのか」と問うた。〕

（『古事記』上つ巻）

髪や腕にたくさんの勾玉を巻きつけて、弓を振りたてて雄叫びをあげるアマテラス。ここに浮かび上がる姿は、取り澄ました太陽の女神ではない。また政治的に作為された神とも違うイメージが浮かんでこよう。自ら武装し、荒ぶるスサノヲと身をもって対峙する戦う女神である。その戦いの姿は、数多くの勾玉（タマ＝霊魂）を髪の毛や腕に巻き付けて邪霊から身を守り、弓を振り立てて悪霊と対決する呪者・シャーマンを彷彿させよう。高天の原に昇ってくるスサノヲは、山川を鳴動させ、地震を引き起こし、悪霊を招き寄せる荒ぶる神でもあったのだ。戦う女神アマテラスには、それこそ邪馬台国の女性シャーマン王・卑弥呼のイメージが反響しているのかもしれない。

さらに、注目してほしいのは、アマテラスの武装を語る表現である。それまでの『古事記』とはかなり趣が異なる文章を、もう一度、読み返してみると——。

「御みづら」の繰り返し、「八尺の勾璁の五百つのみすまるの珠」の「の」の反復、「いつの」という誉め言葉の繰り返し、「沫雪なす」という枕詞的なレトリックの用法……。こうした表現の特徴は、口承の語りの言葉がそのまま残った結果と考えられるのである（中西進『古事記をよむ1』）。

女性シャーマンが体中に玉を巻きつけ、弓を振りたてて悪霊と立ち向かう場面が、音声を重視した、口語りの表現から生き生きと立ち上がってくる。アマテラスという女神は、そうした口語りで伝えられた神でもあったのだ。政治的に作り出された神のイメージとは違う、もうひとつのアマテラスの相貌がここに浮き上がってこよう。

さらにアマテラスとスサノヲの対峙は続く。

変成術としての「うけひ」

アマテラスから一方的に疑われたスサノヲは、悪心のないことを証明するために、天《あめ》の安《やす》の河をはさんで「うけひ生み」を行おうと提案する。スサノヲの側から見た「うけひ」の意味は「Ⅲスサノヲの章」で見たが、アマテラスの側からはどんな神話世界が見えてくるのだろうか。以下、アマテラスに焦点を絞ってみよう。

アマテラスはスサノヲのもつ剣を受け取って、そこから三人の女神を作り出す。一方、スサノヲはアマテラスのもつ勾玉を使って、五人の男神を作った……。いうまでもなく、アマテラスとスサノヲは姉と弟の関係だから、ふたりが子どもを作るというのは、まさしく近親婚となる。

だが「うけひ生み」の場面では、イザナキとイザナミのような「このあが身の成り余れる処をもちて……」といったダイレクトな性行為の表現はない。また自然に成り出る＝生まれることでもない。ふたりの子どもの作り方は、互いの持ち物を交換して子どもを生み出すといった、とてもシンボリックな行為として描かれていくのだ。その表現からは、両者の子ども作りが、きわめて魔術的なイメージに満ち溢れていることが感じとれよう。

その魔術のイメージは、何よりも『古事記』の文章そのもののなかにある。原文（読み下し文）を読んでみよう。アマテラスがスサノヲから剣を受け取って、三人の女神を作るシーンである。

おのもおのも天の安の河を中に置きてうけふ時に、天照大御神、先づ建速須佐之男《たけはやすさのを》の命の佩《は》かせる十拳剣《とつかつるぎ》を乞《こ》ひ度《わた》して、三段《みきだ》に打ち折りて、ぬなとももゆらに天《あめ》の真名井《まなゐ》に振り滌《すす》きて、さがみにかみて、吹き棄《う》つる気吹《いぶき》の狭霧《さぎり》に成りませる神の御名《みな》は、多紀理毘売《たきりびめ》の命。亦の御名は奥津嶋比売《おきつしまひめ》の命といふ。次に、市寸嶋比売《いちきしまひめ》の命。亦の御名は狭依毘売《さよりびめ》の命といふ。次に、多岐《たき》都比売《つひめ》の命。

〔アマテラスとスサノヲが互いに天の安の川を中に置いて「うけひ」を行ったときに、まずアマテラスは、スサノヲが腰に佩く十拳剣を受け取って、その剣を三段に折り、神秘的な玉の触れ合うような音をたてて、天上の神聖な井戸の水を降り注ぎ、その剣の破片を口に含み、がみがみと噛み砕いて、吹き出した霧に生成した神はタキリビメ、亦の名をオキツシマヒメという。次に生まれた神はイチキシマヒメ、亦の名をサヨリビメという。次に生まれた神をタキツヒメという。〕

(『古事記』上つ巻)

先の武装のシーンと同じように、ここも口語りの調子が強い。「……て」という区切れなく続く表現や、「ぬなとももゆらに」という呪文めいた言葉、アマテラス、スサノヲの行為を繰り返し同じ表現で語っていくところなど、口語りの表現が見てとれる。

その語りにはどんな魔術が表現されているのか。剣(鉄)、勾玉(鉱石)、真名井(水)、息吹(霧)という物質。そして「さがみにかみて」という身体行為。それらが混合し、結合し、分離していくなかで「神」なるものが顕現してくる。それは物質を変成させて「神」なるものを生み出す変成術といってよい。物質の変成からは錬金術とも通じよう。ここでアマテラスという女神には、変成の術をもちいる呪者のイメージも喚起されるのである。

物質を変化させて、神々を生み出す変成術、錬金術。「うけひ」の場面から見えてくるのは、変成術を駆使するアマテラスとスサノヲの魔術合戦である。どちらが、自分の思ったとおりの神を生み出すことができるか、というのが「うけひ」の勝負になるのである。なお物質を変成させる術は、つねに性行為（結婚）にアナロジーされていることは、西洋錬金術からも知られるところである（Y・アンドレーエ『化学の結婚』）。

ちなみに、「うけひ」の神話については、福岡県・沖ノ島遺跡の調査から、その島で実際に演じられていたことを推定する説がある（益田勝実『秘儀の島』）。まさしく魔術合戦が繰り広げられた現場を想像させてくれよう。

天の真名井の伝説地（宮崎県高千穂町）

生まれた子どもたちの所属は

「うけひ」によって三人の女神と五人の男神が誕生した。そして、生まれた神はどちらに所属するかが決せられる。その判定はアマテラス自身によってなされる。

ここに、天照大御神《あまてらすおほみかみ》、速須左之男の命に告《の》らししく、「この、後《のち》に生れませる五柱の男子《をのこご》は、物実《ものざね》あが物によりて成りませり。かれ、おのづからにあが子ぞ。先に生れませる三柱の女子《をみなご》は、物実ながものによりて成りませり。かれ、すなはちながが子ぞ」と、かく詔《の》り別《わ》きたまひき。

〔そこでアマテラスが、スサノヲにおっしゃったことに、「この後から生まれた五柱の男子は、わたしの持ち物をもとにして成った神である。当然、それはわたしの子どもである。先に生まれた三柱の女子は、お前の持ち物によって成った神である。ゆえに、それはお前の子どもである」と、このように呪的な発声によって、子どもたちの系譜を分別された。〕

(『古事記』上つ巻)

物質を変化させて生まれた神はどちらの子どもか。その判定基準は、子神を作り出す行為主体ではなく、子どもを作る「物実」＝原料の所持者にある。つまりアマテラスがもっていた玉から生まれた五人の男神は「あが子ぞ」と決定され、一方、スサノヲの剣から生み出された三人の女神は「なが子ぞ」と定められる。ここで生まれた子どもたちの所属を決めたのが、アマテラス自身の言葉にあったのは重要だ。それを示すのが原文にある「詔り別きたまひき」である。

「詔り別け」とは、「呪的に宣言し知的に弁別すること」(西宮一民『日本古典集成・古事記』頭注)と解される。アマテラスとスサノヲの「うけひ」で生まれた神たちは、そのままでは誰のものかは定かではない。それを神の原料となる「物実」に遡って、判別する言葉がアマテラスの「詔り別け」であった。アマテラスの発する言葉には、世界を分別し、世界の秩序を作り出す特別な力がこめられているのである。言葉の霊力によって現実が作られる、コトダマの力といってもよい。その力の発現者がアマテラスなのである。

しかしアマテラスは、なぜ生まれた神の所属にこだわるのか。この場面からはわからないが、じつはここには重要な問題が隠されていた。そう、アマテラスの玉によって作られた五人の男神のうち、最初に生まれたマサカツアカツカチハヤヒアメノオシホミミ（正勝吾勝々速日天之忍穂耳）こそ、天皇家の直系の始祖となるからだ。そしてオシホミミの子・ホノニニギが降臨し、その子孫に初代・神武天皇が誕生する（詳しくはⅥ章）。

では、オシホミミ以下五人の男神を作った主体がスサノヲであることから、もし彼らをスサノヲの子どもと認定したらどうなるか。天皇家の始祖神はスサノヲになってしまうのだ。つまりアマテラスの「詔り別け」とは、天皇家の系譜を定める呪的な発言であったのだ。アマテラスが皇祖神となることとの伏線が、ここにあったともいえよう。なお、スサノヲの剣から生まれた三人の女神は宗《むな》像《かた》の君らの祭る神とされる。

「詔り直し」が意味すること

ここでスサノヲはアマテラスの「詔り別け」を逆手にとって、自分は女神を生んだのだから、「あが心清く明し」と身の潔白を主張する。そして一方的に「あれ勝ちぬ」と宣言して、アマテラスの聖なる世界を破壊していく。

すなわち、アマテラスが作る神聖な田の畔を破壊し、また水路の溝を埋めてしまう。さらには「大嘗《おほにへ》聞こしめす殿」＝供物の新穀を食される聖なる神殿に、あろうことか糞を撒《ま》き散らしていく。

こうした破壊行為にたいして、アマテラスはどう対処したのか。

かれ、しかすれども、天照大御神はとがめずて告らししく、「屎《くそ》なすは、酔《ゑ》ひて吐き散らすとこそ、あがなせの命、かくしつらめ。また、田のあを離ち、溝を埋みつるは、地《ところ》をあたらしとこそ、あがなせの命、かくしつらめ」と詔り直したまひしかども、なほその悪しき態《わざ》止まずて転《うたて》ありき。

〔そこでスサノヲがこのような乱暴な行為をしたけれど、アマテラスはそれを咎めないで仰せになったことは、「糞のようなものは、酒に酔ってへどを吐き散らしたのだ。わが弟がきっとそうしたのだ。また田の畔を壊し、溝を埋めたのは、土地が惜しいと思ってしたのだ。わが弟が、きっとそうしたのだ。」と呪的な発声で言い直したけれど、スサノヲの荒ぶる仕業は止むことはなく、いっそうひどくなった。〕

（『古事記』上つ巻）

アマテラスの「詔り直し」は、一般的にスサノヲの乱暴行為を、善意に解して言いなおしたと解釈されている。アマテラスはスサノヲの悪事にたいして、けっして怒ることのない慈悲深い神であった、と。しかし、あれほどスサノヲを信ずることのできない疑り深いアマテラスが、なぜここにきて急に善意で解釈するようなことをするのか。どうもその説明は納得がいかない。

ここで注目すべきは、「詔り直し」である。言葉の力によってマイナスの現実をプラスのほうに転化させようとする、コトダマ信仰にもとづくのが「詔り直し」の意味であったのだ（中西進『古事記をよむ1』）。アマテラスはコトダマの力を駆使して、スサノヲによって穢された現実を是正しようとした。それは先ほどの「詔り別け」と通じる呪的な行為だ。アマテラスは言葉の呪力を行使してスサノヲと対決していくのである（斎藤英喜「『古事記』と祭祀・呪術実践」）。善意に解釈して、という表面的な理解に留まってはなるまい。

かくしてアマテラスは「詔り直し」の呪術を駆使して、スサノヲによって穢された現実を変えようとするのだが、その力はまったく効果がなかった。スサノヲの破壊行為はさらに激しさを増していったからだ。

そして両者の関係に、決定的な出来事が起きる。

「日の神の巫女」という原像

事件は、アマテラスが清浄な機織《はたお》り小屋にこもっているときに起きた。

天照大御神、忌服屋《いみはたや》に坐《いま》して神御衣《かむみそ》織《お》らしめたまひし時に、その服屋の頂《むね》を穿《うか》ち、天《あめ》の斑馬《ふちうま》を逆剝《さかは》ぎに剝ぎて、堕《おと》し入るる時に、天の服織女《はとりめ》見驚きて、梭《ひ》に陰上《ほと》を衝《つ》きて死にき。かれここに、天照大御神見畏《みかしこ》み、天の石屋戸《いはやと》を開きて、刺しこもりましき。しかして、高天の原みな暗く、葦原の中つ国ことごと闇《くら》し。これによりて常夜《とこよ》往《ゆ》きき。ここに、万《よろづ》の神の声《おとなひ》は狭蠅《さばへ》なす満ち、万の妖《わざはひ》ことごと発《おこ》りき。

〔アマテラスが清浄な機織りの小屋にこもり、神に奉る衣を織らせていたときに、スサノヲは機織り小屋の屋根に穴をあけ、毛のまだらな不浄な馬を尻から皮を剝ぎとって、投げ入れた。それを見た機織りの乙女は、驚いて機織りの尖った道具で陰部を突き刺して、死んでしまった。それを見たアマテラスは恐れて、天の岩屋の戸を開いて、中にこもってしまった。すると高天の原も、葦原の中つ国もすっかり暗くなってしまった。このために永遠の闇夜が続いた。そうして多数の神の不気味な声が満ち渡り、またさまざまな災いが起こった。〕

（『古事記』上つ巻）

この場面、アマテラスの原像を示すものとして、注目されるところだ。神に奉る衣を織るために機織り小屋にこもったとは、アマテラス自身が日の神に仕える巫女であったことを推測させよう。神の衣を織るのは、七夕の織姫のように神に仕える巫女の大切な仕事であった。

重要なのは、機織り小屋にいた織女が、スサノヲの投げ落とした不吉な馬の穢れによって死んでしまうところだ。そして機織り女《め》がアマテラスの原像（分身）であるならば、彼女の死とは、アマテラス自身の死を暗示しよう。実際『日本書紀』では、アマテラス自身が「梭を以《も》ちて身《みみ》を傷《いた》ましめたまふ」（正文）と、機織りの道具で傷付いたり、あるいはアマテラスの分身であるワカヒルメが「梭を以ちて体《みみ》を傷めて、神退《かむさ》りましき」（一書〈第一〉）と、死去することが描かれる。

かくして日の神の巫女たるアマテラスの死が暗示されたとき、続く岩屋ごもりとはアマテラスの試練を意味しよう。日の神を祭る巫女は、岩屋ごもりの試練＝死をへて再生し、至高神へと成長していくのである（西條勉『古事記と王家の系譜学』）。『古事記』に繰り返されるイニシエーション、死と再生の成長物語である。

アマテラスは日の神に仕える巫女を原像にもつ。それはまちがいないだろう。だが『古事記』の神話世界のなかで強烈な印象を放つのは、侵入してくる悪霊にたいして武装して戦う女性シャーマンとしての姿である。たった一人で荒ぶる神に立ち向かい戦う女神。それこそがアマテラスの知られざる姿であったのだ。

したがって岩屋ごもりとは、悪霊と戦う女性シャーマン＝呪者たるアマテラスが、荒ぶる神との対決のなかで敗退し、死んだことを意味する。だからこそ、アマテラスが岩屋にこもると、悪霊どもが跋扈《ばっこ》し、災厄が打ち続いてしまうのだ。そして岩屋にこもったアマテラスが、ふたたび現れたとき、彼女はそれまでの戦う女神のイメージを払拭して、あらたな神へと成長していく……。

では岩屋にこもったアマテラスは、どのようにして再生してくるのか。

岩屋の外で何が行われたか

アマテラスがこもる岩屋の外では、八百万の神たちが天の安の河原に結集して、タカミムスヒの神の御子神・オモヒカネの神に、アマテラスを岩屋から迎える方策を考えさせた。そして祭りのプロデューサー＝オモヒカネの考案にもとづき行われたのが、有名な岩戸神話の場面だ。『古事記』の神話世界が迎える、最大のクライマックスである。

> 常世《とこよ》の長鳴鳥《ながなきどり》を集めて鳴かしめて、天の安の河の河上の天《あめ》の堅石《かたしは》を取り、天の金山《かなやま》の鉄《くろがね》を取りて、鍛人《かぬち》天津麻羅《あまつまら》を求《ま》ぎて、伊斯許理度売《いしこりどめ》の命に科《おほ》せ鏡を作らしめ、玉祖《たまのや》の命に科せ八尺《やさか》の勾《まが》璁《たま》の五百《いほ》つの御《み》すまるの珠を作らしめて、天の児屋《こやね》の命・布刀玉《ふとだま》の命を召《よ》びて、天の香山《かぐやま》の真《ま》男鹿《おしか》の肩を内抜《うつぬ》きに抜きて、天の香山の天のははかを取りて、占合《うらな》ひまかなはしめて、天の香山の五百つ真賢木《まさかき》を根こじにこじて、上《ほ》つ枝《え》に八尺の勾璁の五百つの御すまるの玉を取り著《つ》け、中つ枝に八尺鏡《やあたかがみ》を取り繫け、下枝《しづえ》に白丹寸手《しらにきて》・青丹寸手《あをにきて》を取り垂《し》でて、この種々《くさぐさ》の物は、布刀玉の命、ふと御幣《みてぐら》と取り持ちて、天の児屋の命、ふと詔戸言《のりとごと》禱《ほ》き白《まを》して、天の手力男《たぢからを》の神、戸の掖《わき》に隠り立ちて、天の宇受売《うずめ》の命、天の香山の天の日影《ひかげ》を手次《たすき》に繫けて、天の真折《まさき》を縵《かづら》として、天の香山の小竹葉《ささば》を手草《たぐさ》に結《ゆ》ひて、天の石屋戸にうけ伏せて、踏みとどろこし、神懸《かむがか》り

して、胸乳《むなち》を掛《か》き出で、裳緒《もひも》をほとに忍《お》し垂《た》れき。しかして、高天の原動《とよ》みて、八百万《やほよろづ》の神共《とも》に咲《わら》ひき。

〔夜明けを告げる常世の長鳴鳥を集めて鳴かせて、天の安の川上にある堅い石を取り、天の金山の鉄を取って、鍛冶《かじ》の神であるアマツマラを探し出し、イシコリドメに命じて、鏡を作らせ、タマノヤの命に命じて八尺の勾玉の数多く長い緒に貫き通した玉飾りを作らせ、アメノコヤネの命・フトダマの命を呼び出して、天の香具山に棲む牡鹿の肩の骨をそっくり抜き取って、天の香具山の朱桜《かにわざくら》を取って、肩骨を焼いて占うことさせて、天の香具山に茂った榊を根こそぎ掘り取って、上方の枝には八尺の勾玉の玉飾りを飾りつけ、中ほどの枝にはイシコリドメが鋳造した八尺の鏡を取りかけ、下方の枝に神に供える楮《こうぞ》製の白い布と麻製の青い布を垂らして、このさまざまな品をつけた榊は、フトダマの命が、立派な神への供え物として捧げ持ち、アメノコヤネの命は、尊い祝詞を唱えてアマテラスが出現することを祈願し、アメノタヂカラヲの神は、岩屋戸の脇に隠れ立って、アメノウズメの命は、天の香具山の日影の蔓《つる》を襷《たすき》にかけ、天のまさきの蔓を髪飾りにして、天の香具山の笹の葉を採り物として束ね持って、天の岩屋戸の前に桶《おけ》を伏せて、それを踏んで大きな音を響かせながら神懸りして、胸乳を露わに出して、裳の紐《ひも》を垂らして、女性器を露出させた。すると高天の原が鳴り響くほど、八百万の神たちが大笑いした。〕

（『古事記』上つ巻）

岩戸開き（『伊勢参宮名所図絵』より）

西郷信綱氏によって「恍惚境におけるシャーマンの息使いや拍動のごときものの感じとれる特異な文体」（西郷信綱『古事記研究』）と評価された文章である。たしかにこれを音読してみると、息の切れ目のない独特なリズムによって、それこそ神がかりしそうな気分になるだろう。「女性シャーマン」たるアマテラスの死と再生を語る場面だからこそ、もっともシャーマニックな文体が必要とされたといえよう。

そうしたシャーマニックな語り口をもつのは、岩屋ごもりの神話が、シャーマンの活躍する祭祀をベースにしていることを想像させる。死んだ太陽をふたたび生き返らせようとする日蝕の祭りと一般的に言われるが、太陽を呼び戻すシャーマンの呪術儀礼といったほうがいいだろう。

もちろん岩屋ごもり神話は共同体のシャーマ

ンによる儀礼そのままではない。岩屋の外に集まってきた神々の多くが、中臣《なかとみ》氏の始祖神・アメノコヤネ、忌部《いんべ》氏の始祖神・フトダマ、猿女《さるめ》氏の始祖神・アメノウズメといったように、宮中祭祀を担う神祇官系の氏族たちの始祖神であること、彼らが実際に担う天皇の魂を活性化させる鎮魂祭、さらに鎮魂祭と連関する即位大嘗祭《だいじょうさい》との関係が、この神話の背後にあることはたしかであろう。『古事記』は直接的な氏族名を出さないが、『日本書紀』正文では「中臣神」「忌部神」の名称を示し、さらに九世紀初頭の斎部広成《いんべのひろなり》『古語拾遺』では忌部氏サイドからの岩戸神話の再解釈がなされ、岩屋ごもりの神話が宮中祭祀を担う忌部氏系氏族たちの職掌由来の神話になっていくのである（斎藤英喜「『古語拾遺』の神話言説」）。

このことは、『古事記』の神話世界にとって、どういう意味をもつのだろうか。

スサノヲが高天の原に昇ったあと、アマテラスはたった一人でスサノヲと対決してきた。彼女を支援するものはない。単独で戦う女神だ。だが、スサノヲに敗退し、岩屋にこもったところから、アマテラスを助ける、多数の神々が呼びだされてくる。岩屋ごもり神話の主役は、アマテラスよりも、岩屋の外で活躍する多数の神々であるようにも見えるのだ。

岩屋の外に集まった神たちは鏡や玉を作り、また祭りの効果を占い、そして鏡・玉・ミテグラを付けた榊を捧げ、祝詞を読み上げ、さらに巫女の神がかりの舞いが繰り広げられる――。まさしく祭りの行為である。岩屋ごもりの試練をへたアマテラスは、単独で戦う女性シャーマンから、多くの祭り手たちによって祭られる至高の神へと成長する。そのことをこの場面は暗示していよう。

そこで見過ごせないのはアマテラスが岩屋から出てくる場面だ。岩屋から迎え出されたとき、アマテラスは、至高の神へと成長する。だが、彼女は厳粛な祭りを受けて、神々のまえに厳かに来臨してくるわけではなかった。

引っ張り出されるアマテラス

岩屋のなかのアマテラスは、自分が岩屋にこもって世界が真っ暗闇になったのに、なぜ外ではウズメがアソビをしているのかと不審に思い、岩屋の戸をそっと開いて問いかけた。するとウズメは、あなたより尊い神が出現したのでみんな喜んでいると答えた。そのとき、アメノコヤネとフトタマが八咫の鏡を差し出しアマテラスに見せると、アマテラスは自分よりも優れた神が出現したと思い込んでしまう……。

それにしても鏡に写った自分の姿に、高貴な神の出現を錯覚するとは、なんともアマテラスは滑稽だ。たしかにこの場面には滑稽さ、猥雑さが充満している。岩屋ごもりの神話は、すべての生命力が枯渇した季節に演じられた、猥雑さを秘めたドタバタ喜劇だという解釈もある（三浦佑之『古事記講義』）。だが、鏡に写った自分の顔に自分より高貴な神を見るとは、なんとも暗示的だ。アマテラスは後に鏡のなかに自分のハイレベルの魂をこめることになるのだから……。

さて問題は、アマテラスが岩屋から迎え出される場面である。

その隠り立てる天の手力男の神、その御手を取り引き出でまつるすなはち、布刀玉の命、尻《しり》くめ縄もちてその御後方《みしりへ》に控《ひ》き度《わた》して白言《まを》ししく、「これより内に、え還り入りまさじ」

〔岩戸の横に隠れて立っていたタヂカラヲが、その手を摑んで外に引き出すやいなや、フトダマは注連縄をアマテラスの後ろ側に引き渡して「これより内には、お戻りになれますまい」と申した。〕

（『古事記』上つ巻）

手の込んだ祭りの準備と神がかりの舞い。しかし神を迎える最後のところは、無理やり手を取って引っ張り出すという、なんとも暴力的な方法が駆使される。そして岩屋には注連縄《しめなわ》が引かれ、ふたたび戻れないようにバリアーを張ってしまう。巫女が乱舞し、笑い声が鳴り響くような、シャーマニックな原生的な祭りのシーンだからこそ、最後も、強制力が発揮されたといえよう。アマテラスを迎える祭りは、けっして厳粛でしめやかなものではなかったのだ。「神霊強制」（岩田勝『神楽源流考』）という祭りの方法である。

たしかにアマテラスが出御したことで、高天の原と葦原の中つ国とに太陽の輝きが戻ってくる。災厄に満ちた世界は再生するのだ。そしてアマテラス自身も、岩屋ごもりの試練をへて皇祖神という至高の神へとレベルアップしていく。

だがアマテラスの再生は、至高の神が厳かに人びとのまえに来臨してくるといったものではなかった。さまざまな策略と強制的に引っ張り出される、暴力に満ちた場面として描かれるのである。アマテラスが、定式化した祭りでは捕捉しきれない、パワフルな力を秘めた女神であったことが暗示されていよう（斎藤英喜「天照大神祟神伝承」）。

命令を発する神として

アマテラスは岩屋から出たあと、神話世界の表舞台からは、しばらく姿を消す。岩屋ごもりに続く『古事記』の神話は、出雲へと追放されたスサノヲのヲロチ退治、そしてスサノヲの子孫たるオホクニヌシが「王」となるイニシエーションの神話である。神話世界のメイン舞台は「出雲」となるのだ。

アマテラスがふたたび『古事記』に登場するのは、オホクニヌシが葦原の中つ国の「王」となったときである。高天の原に坐すアマテラスは、こう宣言する。

天照大御神の命《みこと》もちて、「豊葦原《とよあしはら》の千秋《ちあき》の長五百秋《ながいほあき》の水穂《みづほ》の国は、あが御子《みこ》正勝《まさかつ》吾《あ》勝々速《かつかちはや》日《ひ》天《あめ》の忍穂耳《おしほみみ》の命の知らす国ぞ」と、言因《ことよ》さしたまひて、天降したまひき。

〔アマテラスの仰せで「この豊かな葦の原で、いつまでも豊かなみずみずしい稲穂の稔る国は、わたしの御子であるアメノオシホミミの領有支配する国である」と宣言し、統治を

委任なされ、オシホミミを地上に下された。」　（『古事記』上つ巻）

天上の彼方から、葦原の中つ国はわが御子の支配する国であると一方的に宣言して、オシホミミを地上へと天降らせる。そして地上に赴いたオシホミミから、葦原の中つ国にオホクニヌシの勢力が跋扈しているという報告を聴くと、八百万の神たちを集合させ、今後の策をオモヒカネに思案させる。そこでオモヒカネは「天の菩比《ほひ》の神、これ遣はすべし」と進言する。しかし、アメノホヒはオホクニヌシに媚びへつらい、二番目に派遣されるアメノワカヒコも裏切り、三番目に派遣したタケミカヅチらによって、ようやくオホクニヌシの「言趣《ことむ》け」（服従を誓うこと）は完了する。詳しくはⅣ章で見たとおりだ。

それにしても、ここに登場するアマテラスは、自ら武装してスサノヲと対決した、あの戦う女性シャーマンのイメージとは異質だ。地上に荒ぶる神たちが跋扈していると聞いても、自分で武器をもって戦いに出かけることはしない。アメノホヒやワカヒコ、タケミカヅチたちを派遣して、彼らによって、出雲のオホクニヌシに「言趣け」を行わせる司令神なのだ。武装し、呪術を駆使する女性シャーマンとしてのアマテラスは、スサノヲに敗退し、岩屋にこもることで死んだ。そして岩屋から再臨＝再生したアマテラスは、一方的な命令を下すだけの、より高位の神へと成長したのだ。

もちろん言葉を発して命令を下すことには、言葉の呪者としてのアマテラスに備わっていたものだ。葦原の中つ国が「豊葦原の千秋の長五百秋の水穂の国」と呼ばれたとき、葦原の中つ国は、コトダマの力によって豊かな実りの土地へと変成していくのだから……。

さて、「国譲り」が無事終わると、アマテラスは、さらに姿を変えていく。

アマテラスの魂、「鏡」のなかへ

葦原の中つ国平定が完了すると、アマテラスは、御子神アメノオシホミミに降臨を命じる。だがオシホミミに「ホノニニギ」という子どもが生まれたので、地上に降臨する神はホノニニギにバトンタッチされた。

かくしてアマテラスは、ホノニニギに次のような命令を下し、降臨させる。

しかして、天《あめ》の児屋《こやね》の命《みこと》・布刀玉《ふとだま》の命・天の宇受売《うずめ》の命・伊斯許理度売《いしこりどめ》の命・玉祖《たまのや》の命、幷《あは》せて五《いつ》つの伴《とも》の緒《を》を支《わか》ち加へて天降したまひき。ここに、そのをきし八尺《やさか》の勾璁《まがたま》・鏡また草なぎの剣《つるぎ》、また常世《とこよ》の思金《おもひかね》の神・手力男《たぢからを》の神・天の石門別《いはとわけ》の神を副《そ》へたまひて、詔《の》らししく、「これの鏡は、もはらあが御魂《みたま》として、あが前を拝《いは》ふがごとくいつきまつれ」。次に「思金の神は、前の事を取り持ちて政《まつりごと》せよ」。この二柱の神は、さくしろ伊須受《いすず》の宮に拝ひ祭りたまひき。次に、登由気《とゆけ》の神、こは度相《わたらひ》に坐《いま》す神ぞ。

〔こうしてアメノコヤネ・フトダマ・アメノウズメ・イシコリドメ・タマノヤあわせて五

柱の神事専門の神を分け従者に加えて天降りさせた。そのときに、アマテラスを岩屋から招いた八尺の勾玉・鏡、そして草薙の剣、またオモヒカネ・タヂカラヲ・アメノイハトワケを加えて、アマテラスがホノニニギに仰せられたことは、「この鏡こそは、ひたすらわたしの御魂として、わたし自身を祭るように心身を清めて祭り仕えなさい」と。次にアマテラスは「オモヒカネは、わたしの祭祀を執り行い、祭りをしなさい」と仰せられた。このアマテラスの鏡とオモヒカネの二柱の神は、伊勢神宮に崇め祭られた。次にトユケの神は、度会《わたらい》の外宮《げくう》に鎮座する神である。」

（『古事記』上つ巻）

ホノニニギに授けられた八尺の勾玉・鏡・草薙の剣は、後に「三種の神器」と呼ばれる天皇王権のレガリアである。だがここで注目されるのは、降臨するホノニニギに従者となる五人の神たちが、アマテラスのこもった岩屋の外で活躍した神たちであることだ。まさに祭祀専門の部族の始祖神である。ホノニニギが地上に降るとき、アマテラスを祭祀する専門部族神たちが加わるのは、アマテラスを祭ることが降臨するホノニニギにとって不可欠な役目であるからだ。降臨神話は岩屋ごもりから一続きの神話としてあったといえよう。

さらに重要な意味をもつのは、自分の魂を鏡に宿らせ、その鏡をわが御魂だと思って潔斎《けっさい》して祭れ、と命じるアマテラスの言葉である。その鏡とは「をきし鏡」、まさしく岩屋の前でアマテラスを招きだすために使われた、あの鏡である。鏡に写された自分の姿に、自分より高貴な神がいると

伊勢神宮（『伊勢参宮名所図絵』より）

錯覚したシーンは、ここであらたな意味をもってくるわけだ。

部下の神たちに命令を発する司令神としてのアマテラスは、ついに魂だけの存在になって鏡のなかに封じられ、祭祀専門の部族たちによって「皇祖神」として祭られていく。自らの身体を仲立ちに呪術を駆使し荒々しく戦った女神は、その行動する身体を捨て去り、魂だけの存在に転じて、鏡という聖なる器物として祭祀される存在に変成していく。成長する神、アマテラスの姿である。

では、その鏡＝アマテラスの魂はどこで祭祀されるのか。続く一節「さくくしろ伊須受の宮に拝ひ祭りたまひき」、すなわち伊勢神宮である。アマテラスの魂が宿る鏡は、天孫降臨の太古より伊勢の地に祭られている、という神話である（高橋美由紀「古事記における伊勢神宮」）。伊勢神宮の起源は、いつとも知れぬ「神代」の昔にあったという由来譚になるわけだ。
しかし、伊勢神宮の起源について、『日本書紀』ではまったく違う伝承を伝えていた。

もうひとつの伊勢神宮の起源

「これの鏡は、もはらあが御魂として……」というアマテラスの言葉と似ている記述が『日本書紀』に見える。

「吾《あ》が児《みこ》、此《こ》の宝鏡《たからのかがみ》を視《み》まさむこと、吾《あれ》を視るが猶《ごと》くすべし。与《とも》に床《ゆか》を同じくし殿《おほとの》を共にして、斎鏡《いはひのかがみ》と為すべし」

〔わが御子よ。この宝鏡を見ることはわたしを見るのと同じに考えよ。この鏡と住居の床を同じくし殿を共にして、つねに清浄な状態で祭る鏡とせよ〕
（『日本書紀』一書〔第二〕）

この言葉は、降臨する御子神の子孫、すなわち代々の天皇がアマテラスの鏡を宮中で祭ることの起源とされる。「同床共殿《どうしょうきょうでん》」の神勅である。アマテラスの「斎鏡」は、代々の天皇の宮殿のなかで祭られていくのだ。このことは、第十代、崇神《すじん》天皇の時代の「天照大神……天皇の大殿の内に祭る」（崇神天皇六年条）という一節からも確認される。アマテラスは宮中のなかに祭られ、天皇とともに生活をしていた。神代におけるアマテラスの神勅は、しっかりと守られていたのである。

では、アマテラスの神鏡は、どうして伊勢神宮に祭られたのか。それを記すのも崇神天皇の時代の出来事である。その時代、疫病が流行したために、崇神天皇はアマテラスを同じ殿のうちに祭ることを畏《おそ》れ、大和の笠縫邑《かさぬいむら》に遷座させる。さらに次の垂仁《すいにん》天皇の時代にヤマトヒメを巫女にして、アマテラスを祭るべき地を求め、近江、美濃をめぐった後に伊勢の国に到着し、そこに神の社を建てた経緯が記されている（垂仁天皇二十五年条）。『日本書紀』では、伊勢神宮の起源は垂仁天皇の時代に設定されているのである。歴史学の推定では、垂仁天皇の時代は四世紀後半とされている。

従来から謎とされてきたのは、垂仁朝に伊勢神宮が始まったという起源譚が『古事記』には一切出てこないことだ。そして『古事記』では、天皇の宮殿にアマテラスの神鏡が祭られていたことも、それが外に遷座されたこともまったく触れられない。

それは考えてみれば、当然だろう。『日本書紀』に記されたような天皇の宮殿で祭れという神勅は、『古事記』にはなかったからだ。『古事記』が語るのは、遠い神代のときに、すでに伊勢神宮でアマテラスの鏡は祭られていたという起源譚であった。それは『古事記』がアマテラス祭祀＝伊勢神宮の造営を歴史的な出来事とするのではなく、天孫降臨以来、伊勢の地に降り、祭られていたという「神代」の出来事としたからだ（呉哲男「古事記の世界観」）。『記』『紀』で、ふたつの伊勢神宮起源譚があったのである。

ちなみに、『日本書紀』垂仁天皇条の伊勢神宮由来譚の結末に、伊勢神宮は「天照大神の始めて天より降ります処なり」という謎めいた一節が挿入されている。これは伊勢神宮の地に、アマテラスが天から降って鎮座したことを意味し、天皇の宮殿から遷座してきたという歴史的な伊勢神宮創建の記述とはあきらかに矛盾する。しかし、それは『古事記』が語った伊勢神宮＝神代由来譚の断片が『日本書紀』のなかにも残されていたと理解できよう。

『日本書紀』は、皇祖神アマテラスを祭る伊勢神宮を、歴史的な次元のなかで、その創建の来歴を記す。ここで伊勢神宮は、いつかは知れぬ神代以来のものという『古事記』の認識から、ひとつの「歴史」的な存在となるのだ。それは編年体による歴史記述を志向していく、中国史書をモデルとした『日本書紀』にふさわしい記述といえよう。伊勢神宮は「帝国」中国を標準とする歴史過程のなかに位置付けられたのである。

そこで、あらためて『日本書紀』に記されたアマテラスの姿を見ておこう。『古事記』のアマテラスとの違いはどこにあるのか。

『日本書紀』のアマテラスは

『日本書紀』正文では、アマテラスの誕生は次のように記されている。

是《ここ》に共に日神《ひのかみ》を生みたまふ。大日孁貴《おほひるめのむち》と号《まを》す。【……一書《あるふみ》に云はく、天照大神《あまてらすおほみかみ》といふ。一書に云はく、天照大日孁尊《あまてらすおほひるめのみこと》といふ。】此の子光華明彩《みこひかりうるは》しく、六合《くに》の内に照り徹《とほ》る。故《かれ》、二神《ふたはしらのかみ》喜びて曰《のたま》はく、「吾が息多《こおほ》しと雖《いへど》も、未だ此《かく》の若《ごと》く霊異《くすびにあや》しき児《みこ》有らず。久しく此の国に留《とど》むべからず。自当《まさ》に早《すむやけ》く天《あめ》に送りて、授くるに天上《あめ》の事を以《も》ちてすべし」とのたまふ。是《こ》の時に、天《あめ》地相去《つちあひさ》ること未だ遠からず。故、天柱《あめのみはしら》を以ちて、天上に挙《あ》げまつりたまふ。

〔そこでイザナキ・イザナミはともに日の神をお生みになった。これをオホヒルメと申す。【一書にはアマテラスオホミカミとも、別の一書にはアマテラスオホヒルメノミコトと申す。】この御子の光り輝くことは明るく美しく、天地四方の隅々まで照り輝いた。そこで二神は喜んで「われわれは子どもを多くもっているが、いまだこのような神秘的で霊異あふれる御子はいない。長くこの国に留めることはよくない。早急に天上に送って、天上世界の支配を授けることにしよう」とおっしゃった。このときは、まだ天と地とのあいだがそれほど離れていなかったので、天の柱を使って日の神を天上にお挙げになった。〕

（『日本書紀』神代上・正文）

光り輝く存在＝日の神として生まれたこと、神秘的で霊異あふれる光は天地四方に輝いたこと、そんな日の神を地上に留めることは憚れるので、天に伝わる柱を使って天上へと送りあげたこと、そしてそのときは天地のあいだにはそんなに距離がなかったこと……。『古事記』とは違う、これもまた魅力あふれる神話世界といえよう。

まず注意したいのは、『日本書紀』のアマテラスは、イザナキ（陽神）・イザナミ（陰神）の両親から生まれてくるところだ。それは陰陽の神が完璧にそろった、まさに完全世界のなかに誕生したことを意味する。イザナミは死なないのだ（Ⅱ章参照）。それゆえ、アマテラスが光り輝く「日の神」と呼ばれるとき、必然的に天上に上がらねばならない。陰陽説では「日」は「陽」に配される。陽の気が上昇して「天」を作ったとされるからだ（詳しくはⅠ章参照）。したがって、陽の気を体現する日の神を「陰」から出来た地上に留めておくことは、陰陽の「理」に反することになる。『日本書紀』のアマテラスは、徹底した陰陽説にもとづいた神として語られているのである。

このとき、『日本書紀』のアマテラスは、誕生した時点で、すでに完璧な存在としてあった。陰陽の二元論的世界観のなかでは、「日の神」は、正・善を象徴する。そこで反対の立場の邪・悪は、スサノヲに配当されていく。両者の対立は、陰陽の論理に従うものであったのだ。ちなみに陽＝「日の神」にたいする陰は「月の神」となる。そこで『日本書紀』の一書では、月の神を「悪」に位置付け、スサノヲとの関係が重なるような伝承も含まれている。

かくして、陰陽説にもとづく『日本書紀』のなかのアマテラスは、誕生の段階で、すでに善なる、完璧な神格として位置づけられていたのだ。そこには、『古事記』のような「成長する神」という神話世界は展開しえないのである。『日本書紀』のアマテラスは、中国の陰陽説にもとづく、まさしくグローバル・スタンダードの世界観のなかの神、ということになろう。それゆえ、アマテラスを祭る伊勢神宮は、中国起源の「暦」にもとづく歴史のなかに位置づけられるわけだ。「暦」にもとづく時間は、「中国」というグローバルな世界と共有しうるものであった。

しかし、ここでひとつの問題が生じる。陰陽説にもとづくかぎり、陽＝日の神は「男」でなければならない。陽神はイザナキという男神だ。だが、日の神アマテラスは、ヒルメという女神の名前をもつ。女神ならば陰・月の神となる。日の神が女神であるのは、陰陽説の基準からは矛盾してしまうのだ。

この点については、早く平安時代において、陰陽説の専門家たる儒学者たちが中心となって行った、宮廷主宰の『日本書紀』の講読会＝「日本紀講」の場でも議論されていた。中国発のグローバリズムを奉じる儒学者たちにとっては、『日本書紀』は中国史書と肩をならべる、完璧な「史書」でなければならない。しかし、肝心の天皇の祖神たるアマテラスが女神であっては、陰陽説の「理」と矛盾してしまう……。この点をめぐる儒学者たちの議論は、最終的には「神道不測」＝神々の世界は計り知れないという方向で決着したようだ（津田博幸「『日本書紀』と〈説話空間〉」）。ともあれ、『日本書紀』のアマテラスが、グローバリズム＝陰陽説を体現する神格でなければならないという姿勢は、ここからも見てとれよう。ちなみに、後世にはアマテラス＝男神説も一般化する。

タカミムスヒ登場の謎

さて、ふたたび『古事記』の神話世界に戻ろう。成長する神としてのアマテラスの行方を追いながら、国譲りから天孫降臨に至る神話世界を読み進めていくと、あることに気づく。神々にたいして指令を発していく場面で、アマテラスとペアになって登場する神が出てくることだ。たとえば、こんな場面――。

高御産巣日《たかみむすひ》の神・天照大御神の命《みこと》もちて、天の安の河原に、八百万《やほよろず》の神を神集《かむつど》へに集へて……。

〔タカミムスヒとアマテラスの仰せで、天の安の河原に多数の神々をことごとく集合させて……〕

（『古事記』上つ巻）

ここをもちて、高御産巣日の神・天照大御神、また、もろもろの神等《かみたち》に問ひたまひしく……。

〔こういうわけで、タカミムスヒとアマテラスは、一同の神々に問われて……〕

（『古事記』上つ巻）

これ以降、天孫降臨にいたるまで、アマテラスはつねにタカミムスヒと共同して命令を発している。アマテラスのペアとなるタカミムスヒとは誰か。いうまでもなく、天地創世の神話のなかで、アメノミナカヌシに続いて高天の原に成りました神である。この神は、独神《ひとりがみ》として、顕れたのち、すぐに身を隠したことが『古事記』冒頭に記されていた（I章二〇頁「「高天の原」から始まる神話」参照）。

その始元の生成神が、なぜここにきて、ふたたび登場してくるのか。

一般的には、律令国家が形成されるなかで、「皇祖神」が女神であることの不都合さが認識され、それを補うものとしてタカミムスヒが登場してきた、という説明がある。先に見た陰陽説の立場にも通じよう。じつのところ『日本書紀』では、タカミムスヒを司令神とする神話が「正文」となっており（一書〔第四〕〔第六〕にも）、アマテラスは一書〔第一〕〔第二〕に登場する形になっている。その神格の違いとしては、アマテラスの前身は大王家から選ばれた最高巫女・ヒルメであり、一方タカミムスヒは、大王家直属の連《むらじ》系の伴造《とものみやっこ》である氏族によって国家の守護神として祭られていた神、と説明される。そして『古事記』は、『日本書紀』では混在していたアマテラス・タカミムスヒ系の伝承を統一した、あたらしい神話世界を作り出したという解釈が導かれるのである（西條勉『古事記と王家の系譜学』）。

しかし、『古事記』が語るアマテラスの成長譚からは、こう考えられる。アマテラスは岩屋ごもりのイニシエーションをへて、至高神へと成長していった。そして高天の原の主宰神として、地上世界の支配を神々に命じていく。その成長過程で、天地創世の始元神たるタカミムスヒがアマテラスの横に登場してくるのだ。すなわちアマテラスが、戦う女性シャーマンといったレベルを超克し、最高の威力ある神に生成したことを証明すべく、タカミムスヒがふたたび顔を出してきたのである。ここでアマテラスは、天地創世の始元神タカミムスヒと同列に並ぶ、究極の神へと成長したことが示されていくわけだ。

その後のアマテラス

かくして荒ぶるスサノヲと対峙する戦う女神・アマテラスは、「鏡」をご神体に祭られる皇祖神へと変成し、その成長の物語はひとまず終わりを迎える。もちろん、彼女は、『古事記』の世界のなかで、自らの子孫たる天皇の危機に際して、それを救う役割を担う（詳しくはⅦ章参照）。『古事記』のなかでアマテラスは、いぜんとして活動をやめることはない。

いや、アマテラスは『古事記』というテキストを離れたあとも、日本の歴史のあちこちにその顔を見せることになる。それは日本の歴史が天皇と不可分にあったのだから、皇祖神アマテラスが登場するのも当然といえよう。

しかし――、その後の歴史のなかに登場するアマテラスは、「皇祖神」というイデオロギーだけでは、とても捉えきれない、多彩な相貌を見せてくれる。本章の終わりに、その後のアマテラスを簡単に紹介しておこう。

『古事記』が編纂されて後、一四〇年ほどがたった九世紀中頃、時の帝・文徳《もんとく》天皇が病になったので、占った結果、「巽《たつみ》の方の大神」の祟りと判明する。巽の方の大神とは、伊勢神宮に鎮座するアマテラスのことだった（『太神宮諸雑事記』）。アマテラスは天皇に祟る神であったのだ（斎藤英喜『アマテラスの深みへ』）。

伊勢神宮の日の出

さらに平安時代以降行われた、天皇に慎みごとがないかどうかを年二回占う「御体《おほみまの》御卜《みうら》」という儀礼では、かならず「伊勢の大神の祟り」が占いだされていた。それは御体御卜を執行する卜部の「宮主《みやじ》」の職掌に、秘かに伝えられた秘事口伝であった（『宮主秘事口伝』）。こうしたアマテラスの祟りにたいしては、それを祭り鎮める伊勢神宮の神官たちが責任をとって、毎度、厳重な祓えが執行されたのである。そして、そもそも伊勢神宮の起源が、天皇の宮殿のなかで祟り（疫病の流行）をなしたアマテラスを、祭り鎮めるために創られたともいえよう。二十年に一度、伊勢神宮の神殿を建て替える「式年遷宮祭」（次回は平成二十五年）とは、アマテラスの力が祟り出ないように、清浄な神殿を再生させる儀式であったのだ。

一方、伊勢神宮のなかでアマテラス祭祀を担当する神官たちのあいだでは、アマテラスはセオリツヒメという祓えの女神であると同時にヤソマガツヒノカミという穢れそのものと同体とされる言説が広がっていく（『倭姫命世記』）。彼らは、祓えの現場において、穢れとも清浄とも分節しえないような、神なるものの根源的な境位に向き合うわけだ。

式年遷宮の行事、宇治橋渡始式（うじばしわたりはじめしき）（平成 21 年 11 月）

さらに中世という時代にあって、表向きは仏教を忌避する伊勢神宮が、その内部では密教系の神道説を取りこみ、さらに独自な伊勢の神道教学をも編み出していった。そこでアマテラスは大日如来と同体であり、あるいは「虚無《こむ》」「虚空《こくう》」という仏教教理とも通じ合っていく。そしてついには、アマテラスのご神体は「蛇体」であるという異説さえも生み出される。蛇体の神は、欲望にまみれる衆生たちの苦しみの身代わりの姿であったと、神官たちは究極のアマテラスのイメージを秘かに伝えていた（『元長修祓記』）。中世固有な、根元的な永遠性への渇望と、衆生救済の志向性が「アマテラス」という神のなかに見出されていったのである。中世が作りあげた「神学」ともいえよう（斎藤英喜『読み替えられた日本神話』）。

皇祖神・国家神という近代的なイデオロギーの視野からは見失われた、異貌のアマテラス。だが、そうしたアマテラスが、列島社会の歴史の闇のなかにはうごめいていたのだ。ここで気がつくだろう。それら異貌のアマテラスは、『古事記』のなかの「成長する神」アマテラスの、あらたに変成した姿であったことに……。

Ⅵ

天孫降臨の章

――地上に天降った神たち

物語はここで、オホクニヌシの国譲りが終わった場面に立ち戻る――。

アマテラスは派遣した使者タケミカヅチから、国譲りが完了した報告を聴くと、さっそくわが御子アメノオシホミミを降臨させることにした。ところが、オシホミミが降臨する準備をしているあいだに、彼に子どもが生まれた。その子は「天邇岐志《あめにきし》国邇岐志《くににきし》天津日高日子番能邇邇芸《あまつひこひこほのににぎ》の命《みこと》」と名付けられた。そこでアマテラスは、生まれたばかりのホノニニギに「命《みこと》のまにまに天降るべし」と降臨を命じる。かくしてホノニニギは、武装したアメノオシヒ・アマツクメの二神に先導されて、筑紫《つくし》の日向《ひむか》の高千穂《たかちほ》の峰へと天降っていった……。「天孫降臨」と呼ばれる有名な神話である。

ホノニニギの降臨神話から『古事記』は、コノハナノサクヤビメとの聖婚、ヤマサチ・ウミサチの兄弟争い、ワタツミの神の宮訪問、海浜での異常出産、そして神武《じんむ》天皇の誕生とよく知られた神話エピソードが続く。『古事記』神話の後半は、天上から降ってきた神々の子孫こそが、古代の列島社会を支配する「天皇」であることを語っていくのだ。王権神話といっていいだろう。それはきわめて政治色の濃い神話のイメージを呼び起す。

だが、その一方で、『古事記』の後半を彩る神話たちは、桜の花を象徴する乙女との結婚、浦島太郎のルーツとされる異郷訪問譚、サメの女神との異類婚姻譚など、昔話や伝説と通じていくような物語性豊かな世界の一面ももつ。また失われた釣針のエピソードのように、世界各地に広がる神話モチーフも見られる。まさしく豊かな日本神話の数々がここに展開していくのである。

では、そうした昔話やメルヘンふうの神話世界は、どのようにして王権の起源神話へと転回していくのだろうか。

本章でも『古事記』の本文を味わいながら、その秘密を探ることにしよう。

幻視される「大嘗祭」

アマテラスに命じられたホノニニギが天降った「筑紫の日向の高千穂」の峰については、宮崎県西臼杵郡高千穂町の四週の山（国見が丘）とも、あるいは宮崎県と鹿児島県の県境にある高千穂峰（霧島山）ともいうが、どちらかはさだかではない。もちろん神話的には、実際の地理上の山に無理やり当てはめる必要はないだろう。

ところで、従来から疑問とされるのは、「国譲り」は出雲で行われたのに、なぜホノニニギは筑紫の日向の高千穂へと「降臨」するのか、ということだ。出雲を舞台とした神話の続きからいえば、出雲の地に天降ってもいいのではないのか。突然「筑紫」が出てくるのは、なんとも唐突な感じがしよう。出雲へと降った降臨神話の原型を推定する説もある（守屋俊彦『記紀神話論考』）。

しかし神話学の立場から『古事記』を読むポイントは、実際の場所の詮索よりも、出雲／日向の神話的意味を探ることにあるだろう。『古事記』の世界構造のなかでは、「出雲」は日が沈む方角にあたり、ここに日の神の御子が降るのはふさわしくない。一方「日向」とは日に向かう聖なる方位であり、「高千穂」は稲穂が山のように高々と積まれたという象徴的な意味をもつ。その「高千穂」

に天降るホノニニギも、稲穂がにぎにぎしく稔る様子をあらわす、穀霊の神であった。日の神の御子であり穀霊の神でもあるホノニニギが降る場所として、日に向かう高千穂の峰は、まさしくズバリといったところであろう。天孫降臨神話は、日の御子の穀霊神が稲穂の山に天降るという、古層の神話イメージをもっているのである。

では、そうした古層の神話が、なぜ王権の起源神話になるのか。興味深いのは、天皇即位の「大《だい》嘗祭《じょうさい》」との関係である。

大嘗祭とは即位した新天皇が行う秘儀で、毎年十一月に行われる新穀を神に奉る新嘗祭《にいなめさい》が即位儀礼に結びついて拡大されたものという。ユキ殿・スキ殿という大嘗殿に新天皇が夜から明け方までこもり、天皇の資格を継承する秘儀が行われる。そのシークレットな部分は、「天皇霊」の継承があったという折口信夫《おりぐちしのぶ》の仮説が有名だ（折口信夫「大嘗祭の本義」）。天つ神の御子が地上に降臨し、天皇の始祖となる神話の構造は、即位する新天皇が天つ神の御子＝ホノニニギとして再生する大嘗祭の秘儀と呼応しているというのである（西郷信綱『古事記研究』）。

このとき降臨する御子神が、生まれたばかりのホノニニギにバトンタッチされた意味も見えてくる。大嘗祭で即位する天皇が、あたらしい身体をもった天子であるように、地上に降ってくる神も、誕生直後の若々しい御子神でなければならないのだ。

ちなみに、『日本書紀』正文では、ホノニニギは生まれたばかりの嬰児として、真床覆衾《まとこおふふすま》という聖なる衣に包まれて降臨したと伝えている。この「真床覆衾」は、大嘗殿（ユキ殿・スキ殿）に設えてある「御衾《みふすま》」のことともいう。御衾＝真床覆衾に籠もって「天皇霊」を受け継いだ、というのだ。古層の穀霊神の天降り伝承は、農耕祭祀と即位儀礼が結びついた大嘗祭と呼応することで、王権の始祖神を語る降臨神話になっていくのである。

「一夜孕み」「火中出産」は何を語るのか

高千穂に降ったホノニニギは、その地を褒め称え、宮殿を造営し鎮座する。神が降った山を中心に村が営まれる「村建て神話」のパターンといってよい（古橋信孝『神話・物語の文芸史』）。やがて成人となったホノニニギは、笠沙《かささ》の御崎《みさき》（鹿児島県川辺郡笠沙町の野間岬という）で美しい女性と出逢った。名を問うと、オホヤマツミの娘でコノハナノサクヤビメと答えた。ホノニニギは即座に娘に結婚を申し入れた……。

ホノニニギとサクヤビメとの聖婚神話には、即位した新天皇が皇后を選ぶという王権儀礼の反映が見られる。それもまた王権神話の基本スタイルであった。しかし、選ばれたサクヤビメには「皇后」というよりも、もっと古層のイメージが透かし見える。天降ってきた神を迎え、饗応する巫女の姿である。

たとえば『日本書紀』の一書〔第三〕ではサクヤビメ（別名カムアタカシツヒメ）が、神聖な田の稲で醸造した酒や、特別な田の稲で炊いたご飯で、来臨したホノニニギを饗応するシーンが挿入されている。神と巫女との共食儀礼の反映ともいう。また彼女には、波頭のうえに殿を作り、美しい音をたてながら神に奉る衣を織る機織《はたお》り女《め》のイメージもある（一書〔第六〕）。海の彼方から来訪する神を迎える巫女の原像といえよう。

神とそれを迎える巫女との関係は、神人通婚という幻想をはらんでいた。神と結婚する目的は、神の子どもを生むことにある。したがって神を饗応する巫女は、その身に神の子を宿すことができる特別な女性として選ばれるのだ。かくして神を迎える巫女サクヤビメも、見事ホノニニギの子を懐妊するのである。

ところがホノニニギは、サクヤビメが「一夜」の交わりで妊娠したので、それはわが子ではなく、国つ神の子であろうと疑う。疑われたサクヤビメは、妊娠した子どもがホノニニギの子であることを証明するために、国つ神の子ならば出産は無事ではあるまい、天つ神の子ならば無事に生まれるだろうと言って、戸のない産屋にこもり、土で塗り固め、生むときに産屋に火をつけた。火が赤々と燃え盛るときにホデリ、ホスセリ、そしてホヲリ（別名アマツヒコホホデミ）という「稲穂」＝「火」の名前をもつ御子たちが生まれた。サクヤビメが孕《はら》んだ子どもは、まぎれもなく穀霊神を継承する天つ神の子であったことが証明されたのである。

「一夜孕《ひとよはら》み」から「火中出産」へと展開する神話は、天つ神の子の妊娠、出産が尋常ではないことを証明していくエピソードである。ホノニニギがサクヤビメを疑ったのも、天つ神の子は普通とは違う生まれ方をするのを明かすためであった。神の子の誕生が「一夜孕み」の語りをもつことは、

『常陸《ひたち》国風土記』のクレフシ山伝承などにも見られる、ひとつのパターンである。この場合「一夜」とは、実態的な時間を意味するのではなく、神と共にすごす非日常的な時間をあらわす言葉なのだ。神の子を宿す神秘的な時間が「一夜」であった。ちなみに「一夜妻」という言い方は遊女をあらわすが、それは日常的な男女の関係とは違う、まさに非日常的な交渉の相手、という意味であった。『日本書紀』一書〔第五〕で、ホノニニギが、天つ神は一夜に孕ますことを人びとに知らせるためにわざと疑ったと弁明している。「一夜婚」を合理的に説明する表現といえよう。中国的な儒学的論理の世界のなかでは、神と巫女との神秘的な聖婚は、合理的に説明をする必要があったのだ。

さらにこの神話は、神の子を宿す巫女の、特別な能力を証明するモチーフもあった。孕んだ子の親を疑うのは、その女性が本当に天つ神と通じる資格があるかどうかを証明する手段でもあったのだ。土で塗り固めた産屋に火をつけて子どもを生むのは、サクヤビメ自身が天つ神と交わることが可能な、霊能ある巫女の身体をもつことの証でもあった。『日本書紀』の一書〔第五〕には、ホノニニギが、無事に火中で出産したサクヤビメに「汝霊《なれくす》しく異《あや》しき威有《いきほひ》り」と誉めるシーンが挟まっている。サクヤビメの言葉には、自分の思い通りの子どもを出産できるかどうかを占う、「うけひ」の要素も見えよう。

ホノニニギとサクヤビメの聖婚神話。ここには、来臨した神とそれを迎える巫女の関係が、最初から定まっているのではなく、一回、一回、試されるような、緊張した現場が見えてこよう。天つ神の子の「一夜孕み」譚は、巫女の条件とは何かを語る神話でもあったのだ。

じつはホノニニギの聖婚神話には、パスしなかったもうひとりの巫女のエピソードも挿入されていた……。

聖婚のエロスと暴力

ホノニニギがサクヤビメとの結婚を申し入れたとき、彼女の父のオホヤマツミは、サクヤビメとともに姉のイハナガヒメも一緒に奉った。姉妹ともに結婚相手とするのは、古代の婚姻スタイルともいうが、重要なのは、姉のイハナガヒメがひどく醜かったので、親元に追い返されたところだ。それはホノニニギの聖婚に、さらに奥深い意味を与えることになる。

娘を送り返されたオホヤマツミは恥じて、こう申し送ってきた。

わが女《むすめ》を二並《ふたり》べて立《た》て奉《まつ》りしゆゑは、石長比売《いはながひめ》を使はさば、天つ神の御子の命《いのち》は、雪零《ふ》り風吹くとも、恒《つね》に石《いは》のごとく常《ときは》に堅《かちは》に動かず坐《ま》さむ。また、木花之佐久夜比売《このはなのさくやびめ》を使はさば、木の花の栄ゆるがごと栄え坐さむと、うけひて貢進《たてまつ》りき。かく石長比売を返さしめて、独《ひと》り木花之佐久夜毘売のみを留めたまひつれば、天つ神の御子の御寿《みいのち》は、木の花のあまひのみ坐さむ。

〈わたしの娘をふたり奉ったわけは、イハナガヒメを妻とすればホノニニギの命は雪が降り、風が吹くとも頑丈な岩のように不動でありましょう。またコノハナノサクヤビメを妻にすれば、桜の花が咲き誇るように栄えなさるでしょうと、誓約をして献上しました。ところがイハナガヒメを返して、サクヤビメだけを妻として留めなさったので、桜の花のようにはかないものになるでしょう。」

（『古事記』上つ巻）

かくして、今にいたるまで代々の天皇たちの命は永遠ではない、と――。

このエピソードは、天つ神の子孫である天皇にどうして寿命があるのか、その由来を説くものである。神話学的にはバナナ型神話と呼ばれるものだ。部族の始祖が創世の神にたいして石よりもバナナがほしいと言ったために、石のように不変ではなく、バナナのようにはかない寿命となったという南洋諸島に分布する「死の起源」の類型である（大林太良他編『世界神話事典』）。それが『古事記』では、天皇の命に限りあることを説く神話になるのである。

さらにもうひとつのテーマがある。神から拒否された巫女の物語だ。「いと凶醜《みにく》き」によって妻に選ばれなかったイハナガヒメとは、神を祭ることができない、失格した巫女といえよう。神を祭る巫女の条件は、神に愛される美しい身体をもたねばならない。巫女は自分の身体や性を仲立ちとして神と通じあう。それはまさにエロスの体験でもあったのだ（斎藤英喜「天孫降臨神話と筑紫」）。

さらに醜いイハナガヒメに天つ神・天皇の命の永遠性が保証され、美しく咲き誇るサクヤビメが命のはかなさのシンボルへと反転するところも面白い。エロスがタナトスへと転じるのだ。それは土地の巫女を献上したオホヤマツミの「うけひ」として発せられた。娘のひとりを巫女失格とされたオホヤマツミは、恥じて天つ神の御子へと呪詛を仕掛けたともいえよう。聖婚のなかに仕掛けられた呪詛。聖婚のエロスには恐ろしい暴力が潜んでいたのである。それにしても、天皇に寿命があるのは、拒否された巫女の呪詛ゆえであったとは……。

なお『日本書紀』では追い返されたイハナガヒメ自身の言葉として、天つ神への「詛《とご》ひ」（呪詛）が発せられる。また「一に云はく」では、イハナガヒメは呪咀を仕掛けるときに唾をはくというマジックも駆使し、なんと呪詛の相手は、天皇のみならず、われわれ一般人民へと拡大していくのだ。黄泉《よも》つ国のイザナミの呪いの言葉とも反響しよう。

高天の原から降臨したホノニニギは、地上の娘と結婚することで、天皇王権へと続く神の子の系譜を作り出す。それは天つ神にとって、異界の存在から与えられた力といってもよい。しかしその豊饒の力は同時に生命を衰弱させる呪詛の力にも反転するのだ。

そのテーマは、ホノニニギの子どもたちの神話世界へと続いていく。

＊＊＊

燃え盛る炎のなかから生まれた三人の御子神たち。そのなかのホデリとホヲリが、次なる神話の主人公、ウミサチビコとヤマサチビコである。昔話の浦島太郎のルーツともされる、誰も知っている有名な神話の主人公である。

「海幸彦・山幸彦」の話には、どのような王権神話の秘密が隠されているのだろうか。

「失われた釣針」を求めて

あるときホヲリ（山幸彦）は、兄のホデリ（海幸彦）に山と海の獲物を捕る道具を取りかえようともちかける。最初は断っていたホデリはしぶしぶ釣針をホヲリに貸すが、ホヲリは一匹も魚が釣れない。そのうえ借りた釣針を海に落として、失くしてしまう。兄のホデリから釣針を返すようにいわれたホヲリは、シホツチの神の教えに従って、隙間なく編んだ竹の小船に乗って、ワタツミの神の宮へと釣針を探しに行く。

ワタツミの神の宮に到着したホヲリは、そこで海の神の娘・トヨタマビメと出逢い、結婚する。幸福な三年間がすぎたころ、ホヲリは兄から借りた釣針のことを思い出し、ワタツミの神から釣針を探してもらい、さらに兄に返すときの呪文と「塩盈珠《しほみつたま》・塩乾珠《しほふるたま》」という呪物を授かった……。

比較神話学の研究によって、失われた釣針を探すストーリーは、インドネシア、ミクロネシアのパラオ、メラネシアの島嶼部、またハワイ諸島、さらに北アメリカ北西海岸部まで、かなり広い地域にわたって分布することが指摘されている（松本信広『日本神話の研究』）。ウミサチ・ヤマサチ神話のルーツは、そうした海洋に生きる人びとが伝えた神話と共通することは明らかだろう。また国内に目を移せば、この神話の最初期の担い手たちは、九州南部の隼人、また北九州・志賀島を本拠とする安曇《あずみ》氏たちであったともいう（次田真幸「海幸山幸神話の形成と安曇連」）。九州の海人たちに海幸彦の原像を見ることもできよう。

しかし『古事記』の神話世界に目を凝らしてみると、浮上してくるのは、「釣針」や「玉」を用いる呪術の世界であった。

ワタツミはホヲリにたいして、兄に釣針を返すときに「後手《しりへで》」に渡す（後ろ向きになって相手に物を渡す）ことを教える。「後手」は、イザナキが黄泉つ国から逃走してくるときに、追いかけてくる黄泉つ国の兵隊たちを撃退した呪術だ。相手を困らせ、害を与えるブラック・マジックの一種であった。借りたものを「後手」で返すと相手に呪いがかかってしまうのだ。

さらに後手に渡すとき、ワタツミは、こういう呪文を唱えよと教える。

この鉤《ち》は、おぼ鉤・すす鉤・貧鉤《まぢ》・うる鉤。

〔この針は、失神する針・心がすさぶ針・貧しくなる針・愚かになる針〕（『古事記』上つ巻）

釣針にかけられる呪詛の言葉。コトダマの霊力が釣針に宿される。海人・漁労の民にとってもっとも大切な釣針が呪術の道具に転じていくのである。

失われた釣針を求めて――、その探索の果てに見出されるのは、ブラック・マジックの呪具へと変貌する釣針の姿であった。

さらにワタツミは、「塩盈珠・塩乾珠」を授け、兄が攻めてきたら「塩盈珠」で溺れさせ、助けを求めてきたら「塩乾珠」を使って救ってやれ、そして何度もこれを繰り返して、兄を悩まし苦しませよと教える。「塩盈珠・塩乾珠」とは、文字通り海水の干満を自在に操ることができる呪物だ。ちなみにこの玉の呪法には、仏教の如意宝珠の影響もあるという。

ブラック・マジックの呪文を教え、海水を自由に操る呪宝を授けるワタツミ。その姿には、海人たちの世界に生きるひとりの呪術師の相貌を見出すことができよう。漁労のためのワザや道具は、そのまま呪術の武器に転じる。ワタツミの神王は、まさしく魔術王であったのだ。

しかし、ホヲリは、なぜワタツミから兄を苦しめる呪術を授けられるのか。そして、なぜ兄のホデリは、弟から呪詛を仕掛けられるのか。それほど弟にひどい仕打ちをしたのだろうか。

隼人・俳優の民の由来

地上に戻ったホヲリ(山幸彦)は、ワタツミの教えてくれた呪文のとおりに釣針を兄のホデリ(海幸彦)に返した。やがてホデリは貧しくなり、荒々しい心をもってホヲリを攻めてきた。そのときホヲリは、塩盈珠を使ってホデリを溺らせ、助けを求めてきたら塩乾珠で救い出し、こういう苦しみを何度も与え続けた。ワタツミが教えてくれたとおりにブラック・マジックを行使したのだ。そこでついに兄のホデリは降参して、こう述べた。

「あは、今より後、いまし命の昼夜《ひるよる》の守護人《まもりびと》となりて、仕へまつらむ」。かれ、今に至るまでに、その溺れし時の種々《くさぐさ》の態《わざ》、絶えず仕へまつるぞ。

〔「わたしは、これから後は、あなた様の昼夜の守護者となって、お仕えいたしましょう」。それで、ホデリの子孫たちは、今にいたるまで、その時の溺れるときの様々な技を演じて、絶えることなく宮廷に奉仕したということだ。〕

（『古事記』上つ巻）

『古事記』では、ウミサチビコ＝ホデリは、南九州に住んだ部族・隼人の始祖と注記される。したがって、ホデリが昼夜にホヲリの守護人となって仕えるとは、隼人が天皇の宮殿を護衛した由来譚となっていくのである。『日本書紀』の一書〔第二〕では、吠える番犬の代わりとして天皇の宮殿を守衛したとある。また「溺れし時の種々の態」は、隼人が大嘗祭などで奏した「隼人舞い」の芸能奉仕に結び付けられている。同じく『日本書紀』一書〔第四〕には、その溺れ苦しむときの様子を舞いの所作として演じたとある。隼人は「俳優《わざをき》の民」（正文）とも呼ばれている。

大隅、薩摩地方に居住していた隼人の民は、九世紀初頭まで律令制度の適用から除外される一方、定期的に貢物を献上することが義務づけられた。また畿内に強制移住させられた隼人たちの子孫は、衛門府に所属する「隼人司《つかさ》」に統括され、朝廷の様々な儀礼に奉仕していることが平安時代の法制書『延喜式《えんぎしき》』などに記されている。「吠ゆる狗《いぬ》に代りて」という行為は、隼人が大嘗祭や元旦即位のときに「吠声」を発するという呪術的行為であった。邪悪な精霊などが宮殿に侵入するのを防ぐ、マジカル・ボイスの力を発揮したのである。こうした王権儀礼に奉仕する一方、八世紀初頭には隼人たちがたびたび反乱を起こし、朝廷から征伐されている記録も残されている（『続日本紀』）。隼人はまさに天皇王権に制服された「異界の民」であったのだ（中村明蔵『隼人の盾』）。

海幸彦・山幸彦の昔話ふうの神話は、「夷人《いじん》雑類」と賤視された隼人が天皇王権の始祖に服従を誓う由来譚でもあった。ワタツミが教える呪術は、もともとは隼人たちが伝えたものだっただろう。それが『古事記』の神話世界では、自らの始祖たるウミサチビコを屈服させるブラック・マジックとして使われるとは、なんとも皮肉だ。さらに隼人の始祖が、天皇の始祖と兄弟の関係として語られるとは……。ここには『古事記』のじつに巧妙な神話操作を見ることができよう。

このとき、彼らの父・ホノニニギが「筑紫」に降ってきた意味も見えてくる。日向の高千穂の峰という神話的シンボルが「筑紫」に設定されるのは、その地が隼人たちの始祖の住む場所であったからだ。まつろわぬ民・隼人への対策、征服の正当化のために天つ神の御子は「筑紫」の聖なる山に天降ったという神話的なロジックである（守屋俊彦『記紀神話論考』）。

根の国とワタツミの国との違いから

あらためて、天皇の始祖となるホヲリがワタツミから呪力を授かり、ワタツミの娘トヨタマビメと結婚するストーリーを読んだとき、あの神話を思い出さないか。そう、根《ね》の国に赴いたオホナムヂ（オホクニヌシ）の神話である。

オホナムヂも、スサノヲが住む根の堅州国《かたすくに》に赴き、様々な試練をへて、スサノヲから授かった生太刀《いくたち》・生弓矢《いくゆみや》などの呪具を用いて異母兄弟を倒し、大いなる国の主の神＝オホクニヌシになった。またスサノヲの娘スセリビメが王の正妻と定められた。王なるものは、異界の神から呪力を授けられ、その力を得ることで、地上を支配する完璧な「王」たる聖性を獲得するという構造である。ホヲリのワタツミの神の宮訪問譚は、こうした王権生成の神話構造を見事に反復しているといえよう。ホヲリもまた、異界の神の呪力を得ることで兄を屈服させ、異界の神の娘と結婚することで天皇王権の系譜に連なる子孫を生み出していくのである。

たしかにふたつの神話は、構造的にはまったく同じスタイルだ。それはまちがいない。だが両者には少なからぬ相違点もある。

たとえば根の国は、ヘビやムカデの棲む暗い世界であるが、ワタツミの世界は光明的であること、オホナムヂは根の国で試練にさらされるが、ホヲリは客人として歓待されるという違いが見てとれる（西郷信綱『古事記注釈』第二巻）。

さらにストーリーの細部にこだわると、オホナムヂが異界の呪物を手にいれるのは、スサノヲから授けられるというよりも、スサノヲを騙して奪ったと描かれていた。スセリビメもオホナムヂが背負って、ふたりは根の国から逃げてきたのである。地上の王たるオホクニヌシにとって、根の国との関係は、けっして予定調和的なものではなく「闘争」の関係としてあったのだ。

では、ホヲリの場合はどうだろうか。ワタツミは呪物やマジナイの知識をホヲリに献上している。ホヲリはワタツミの世界の客人なのだ。ワタツミとホヲリのあいだには明確な上下関係があるといえよう。

またオホクニヌシは、スサノヲの生太刀・生弓矢を使って異母兄弟たちを討伐していった。それで地上の国の支配者となるのである。一方、ホヲリは、兄のホデリに呪詛をかけ、珠の呪具で苦しめるが、けっして征伐はしない。またふたりの関係で強調されるのは、兄のホデリが弟のホヲリに屈服し、服属を誓うことである。そして服属した兄は、王権儀礼に奉仕する民・隼人の始祖という関係に定められるのだ。

このように見てくると、オホクニヌシとホヲリの神話は、同じ構造をもちながら、細部にはそうとうな違いがあった。その違いは何を意味するのだろうか。

オホクニヌシは、出雲の国の王である。根の国の神話は、王になるもののイニシエーションを描いた。それにたいしてホヲリは、ヤマトの天皇王権の始祖である。両者の違いには、王権の成り立ちの違いが反映しているのかもしれない。天皇王権を根拠づけ、活性化させる異界の存在は、地上との明確な上下関係のもとに整えられていたのである。ここには、異界を来訪することで、王へと成長するイニシエーションの意味が変質していることを示していよう。ホヲリは、最初から天つ神の子として「上位」の立場にたっているのだから。どうやら、『古事記』の神話世界は、地上に降ってきた神たちの物語から、その色合いが変色しつつあるようだ。そのことをここに読みとっておこう。

オホクニヌシとホヲリとの違い。それは異界の娘との結婚のストーリーにも及ぶ。ワタツミの娘トヨタマビメとホヲリの関係にスポットをあてて、さらに読み解いてみよう。

トヨタマビメの正体とは

ワタツミの娘トヨタマビメは、ホヲリの子を孕んだことを告げにくる。そこで渚《なぎさ》に鵜《う》の羽で屋根を葺《ふ》いて産屋を立てたが、産屋の屋根がまだ葺き終わらないうちに、トヨタマビメは急に子どもが生まれそうになり、産屋に入った。しかし、そのとき、思いもかけない出来事が起きた——。

（トヨタマビメの言葉）「すべて佗国《あたしくに》の人は、産む時に臨《な》れば、本《もと》つ国の形もちて産生《う》むぞ。かれ、あれ、今本の身もちて産まむとす。願はくは、あをな見たまひそ」。ここに、その言《こと》を奇《あや》しと思ほして、その方に産《みざかり》みたまふをひそかに伺《うかが》ひたまへば、八尋《やひろ》わにに化《な》りて、匍匐《はは》ひ季蛇《もごよ》ひき。すなはち、見驚き畏《かしこ》みて遁《に》げ退《そ》きましき。

（出産にあたってトヨタマビメは「すべての異郷の人は、子を生むときにあたって、本の国の姿になって子を生むのです。それで私も本来の姿で出産しようと思います。どうかその私の姿を見ないでください。」とホヲリに申しあげた。ホヲリは、不思議なことをいうものだと思われ、出産の最中をこっそりと覗き見されると、トヨタマビメは巨大なサメに変身して、蛇のようにくねくねと体をよじっていた。ホヲリはその姿を見て、驚き、恐ろしくなって、遠くに逃げてしまった。」

（『古事記』上つ巻）

なんと、トヨタマビメの「正体」は、サメであったのだ。そしてサメの姿を見られたトヨタマビメは、そのことを恥じて、ワタツミの国と地上の国との境を塞ぎ、ワタツミの宮へと戻ってしまう。ただし、ひとりの子を地上に生み残した。その子は渚に建てた産屋の屋根が葺き終わらないときに生まれたので、「天津日高日子波限建鵜葺草葺不合の命《あまつひこひこなぎさたけうかやふきあへず》」と名付けられる。この子こそ、初代天皇の神武《じんむ》の父親であった。初代天皇は、異類との婚姻のなかから誕生してくるのだ。それにしても、初代天皇の母方がサメという異類であったとは……。

トヨタマビメの出産の神話も世界各地に類話があり、「メルシナ型」と呼ばれるものである（松前健『古代伝承と宮廷祭祀』）。古代のトーテミズム社会には、出産において母親が自分のトーテム動物の姿を扮装する儀礼があったこと、「見るな」のタブーはトーテムの秘密にたいする掟を意味するといった解釈もなされている（松村武雄『日本神話の研究』第三巻）。

もちろん、「見るな」の禁止を破ってしまい、異界の妻と別離するという展開は、昔話の「蛇女房」や「鶴女房」「狐女房」などに共通する語り方である。異類婚姻譚と呼ばれる話型である。異界の女はこの世に子どもを生み残していくパターンも多い。その話のテーマは、異界の母をもつ子どもがこの世の人間とは違う、異能の持ち主であることを証明することにある。信太《しのだ》の狐を母とする、陰陽師・安倍晴明の伝承はよく知られていよう。トヨタマビメの神話も、初代天皇に直結するウカヤフキアヘズが、異類の子であったことを語ることをモチーフとしていたのである。昔話や伝承の類型のなかにあったのだ。

けれども、トヨタマビメの神話は、昔話の異類婚姻譚と決定的な違いもある。昔話の場合は、普通の男と異類の女との結婚が語られる。異類の母をもつことがメインテーマだ。しかし、トヨタマビメの神話では、男のホヲリが、自らワタツミの神の宮に来訪して、トヨタマビメに子どもを妊娠させた。ホヲリはけっして普通の男ではない。高天の原から降ってきた天つ神の子孫であった。そちらの側から見れば、ホヲリこそが、来訪する神として、特殊な存在としてあったのである。

どうやらこのあたりに、トヨタマビメとの婚姻神話が、天皇王権の始祖神話へて展開するときの秘密が隠されているようだ。

近親婚と異類婚の複合として

トヨタマビメは、地上に生み残されたウカヤフキアヘズの養育のために、自分の妹のタマヨリビメを派遣した。そのとき、彼女は夫への未練を詠む歌も妹に託して送ってきたのだった。

やがて成長したフキアヘズは、叔母にあたるタマヨリビメを妻として子どもを作った。長男はイツセ、次にイナヒ、次にミケヌ、そして末っ子に生まれたのがワカミケヌである。彼のまたの名はトヨミケヌ、またの名はカムヤマトイハレビコという。この末っ子こそ、初代天皇に即位する神武である。

イハレヒコ誕生の経緯は、系譜だけの簡単な記述だけだが、ここでは天皇王権の成立にとって、重大な秘密が隠されている。フキアヘズがワタツミの娘・タマヨリビメと結婚したことは、彼もまた異界の女を妻にしたことを意味する。異類婚だ。だが、同時に、タマヨリビメは自分の母の妹、つまり叔母にあたる。近親婚である。

ここには異類との婚姻とともに、近親との結婚という二重の結婚のメカニズムが読みとれよう。地上世界の王となる天皇の結婚は、共同体の外部の存在（異類）との結婚と同時に、つねに近親結婚を必要とする論理が、ここに貫徹していくことになるのである。それは天皇家が、異母兄妹の近親婚と地方豪族の女との一夫多妻の合体というべき婚姻形態をもつことに通じよう。「天皇制を支えるハイブリッド婚」と呼びうるものだろう（呉哲男「古代国家論」）。トヨタマビメ神話には、天皇家の婚姻形態の起源が語られているのである。

さらにもうひとつ、ホヲリについて、『古事記』は重大なことを記述している。

かれ、日子穂々手見《ひこほほでみ》（ホヲリのこと）の命は、高千穂《たかちほ》の宮に坐ししこと、伍佰《いほ》あまり捌拾歳《やそとせ》ぞ。

御陵《みはか》は、高千穂の山の西にあり。

〔さて、ホヲリは、高千穂の宮におられたのは、五百八十年のあいだであった。その御陵は、高千穂の山の西（鹿児島県霧島市溝辺町あたりか）にある。〕

（『古事記』上つ巻）

五百八十歳と長い寿命をもつとはいえ、天つ神の御子ホヲリは永遠の命ではなかったのだ。その亡骸は、御陵に納められたという。まさしく、イハナガヒメの呪詛のとおりのことが起きたのである。もちろんそれは、ホヲリが地上のあらたな王としての寿命を全うしたことを意味する。ホヲリが「伍佰あまり捌拾歳ぞ」という限りある生命をもつと記すことで、地上を支配するあたらしい「王」への成長を暗示していたのである。

地上に降り立った神々の神話世界。ヤマツミ、ワタツミなどの異界の女との結婚、あるいは近親の結婚。そして限りある生命を決定づけられた、天つ神の御子。ここで神話世界は、天皇王権の起源へと、その輪郭を際立たせていくのである。

では、フキアヘズの御子カムヤマトイハレビコは、いかにして神々の世界から超出し、「天皇」となったのだろうか。それもまた「成長する神」のテーマに通じていくだろう。

Ⅶ

天皇と英雄の章——神話と歴史のミッシング・リンク

カムヤマトイハレビコ（神武天皇）の登場から、『古事記』は「中つ巻」に移る。神々が主役だった「上つ巻《かみ》」から、初代天皇の東征、大和平定という「歴史」へと転じていくのである。

以下、「中つ巻」には、三～四世紀に推定される崇神《すじん》天皇、垂仁《すいにん》天皇、景行《けいこう》天皇の皇子ヤマトタケルの戦い、さらに神功《じんぐう》皇后や応神《おうじん》天皇までを記述し、「下つ巻《しも》」からは、有名な巨大古墳の被葬者とされる仁徳《にんとく》天皇、さらに「倭《わ》の五王」のひとりに推定される雄略《ゆうりゃく》天皇へと続き、最後は七世紀初頭の聖徳太子や推古《すいこ》女帝の系譜を記して幕を閉じる。『古事記』の神話世界は、そのまま古代天皇家の「歴史」へと連続していくのであった。

もちろん、『古事記』に記された初期ヤマト王権の天皇たちは実在が危ぶまれているし、そこに記述されることも「歴史的事実」というよりも「物語的な記述」と見なすのが、近年の研究の動向である。彼ら天皇たちは、「神話」との繋がりを多くもっている。いや、彼らの事跡そのものが新しい「神話」と呼べないこともない。だが同時に、そこに描かれる世界は、上つ巻の神々の神話世界とはあきらかに違いもあるのだ。

『古事記』における神話と歴史のミッシング・リンク――。そこで最後の章では、初代天皇の神武天皇、神々の祭祀に関わる崇神天皇、垂仁天皇、そして天皇になれなかった「悲劇の英雄」ヤマトタケルに焦点をしぼり、彼らのエピソードから神話と歴史の結節点を探索していくことにしよう。神話学の視点から「古代天皇」をどう捉えるか、そのスリリングな課題に挑戦していこう。

異界へ去っていく兄たち

『古事記』の上つ巻の最後、カムヤマトイハレビコ誕生の系譜記事に続いて、イハレビコの兄たちをめぐる次のような謎めいた記述がある。

かれ御毛沼《みけぬ》の命は、浪の穂を跳《ふ》みて、常世《とこよ》の国に渡りまし、稲氷《いなひ》の命は、妣《はは》が国として、海原《うなはら》に入りましき。

〔そして、ミケヌは、波の穂を踏んで、常世の国に渡っていき、イナヒは、死んだ母の国として海原・ワタツミの神の国に入っていった。〕（『古事記』上つ巻）

イハレビコの兄たちは、「イツセ」＝威力のある神稲、「イナヒ」＝稲の神霊、「ミケヌ」＝御食《みけ》物の主、そしてイハレビコ自身も「ワカミケヌ」「トヨミケヌ」という別名をもっていた。つまり彼ら兄弟は、ひとしく稲の精霊、穀霊神という属性をもっているのである。兄たちはイハレビコの分身的存在ともいえる。

そうすると、イハレビコの兄たちが「常世」「海原」という異郷に去っていく不思議なエピソードは、自らの分身的存在が他界へと去っていくことを意味する。イハレビコ自身の穀霊神に連なる神話的な属性を「他界」へと切り離したのである。したがって分身たちが「常世」や「海原」＝異郷に去ったあと、残されたイハレビコ自身は、この地上世界のあらたな支配者へと成長しなければならない。分身をことごとく異郷世界へと切り離し、自らはこの世の存在になっていくこと。「神話」にたいして「歴史」が始まっていく象徴的な意味がこめられていたのである。

かくしてイハレビコは、あらたな地上の支配地として「東の国」へと向かうことになる。「神武東征」と呼ばれるエピソードである。

「神武東征」の深層

長兄のイツセノミコトとともに、東の国をめざして日向《ひむか》（宮崎県）を出立したイハレビコの軍勢は、筑紫《つくし》（福岡県）、豊《とよ》の国の宇沙（大分県宇佐市）に至り、さらに筑紫の岡田宮（福岡県北九州市）に滞在し、そこから安芸《あき》の国の多祁理《たけり》宮（広島県）、吉備《きび》の国の高島宮（岡山県）へと至る。

そして速吸門《はやすひなと》（明石海峡？）で、亀の背中に乗って釣をしていた国つ神サヲネツヒコと遭遇し、サヲネツヒコに先導されて浪速《なみはや》の渡（大阪湾）に到着した。だが、白肩《しらかた》の津に停泊していたときに、トミノナガスネヒコという土地の豪族に襲撃され、紀の国の男《を》の水門《みなと》（和歌山市の紀ノ川の河口）で長兄のイツセノミコトは戦死してしまう。

こうした「東征」の記述には、南九州に発生した勢力が畿内にむけて進出していった歴史的記憶がこめられているといわれてきた。あるいは「騎馬民族説」や「邪馬台国東遷説」などの仮説が唱

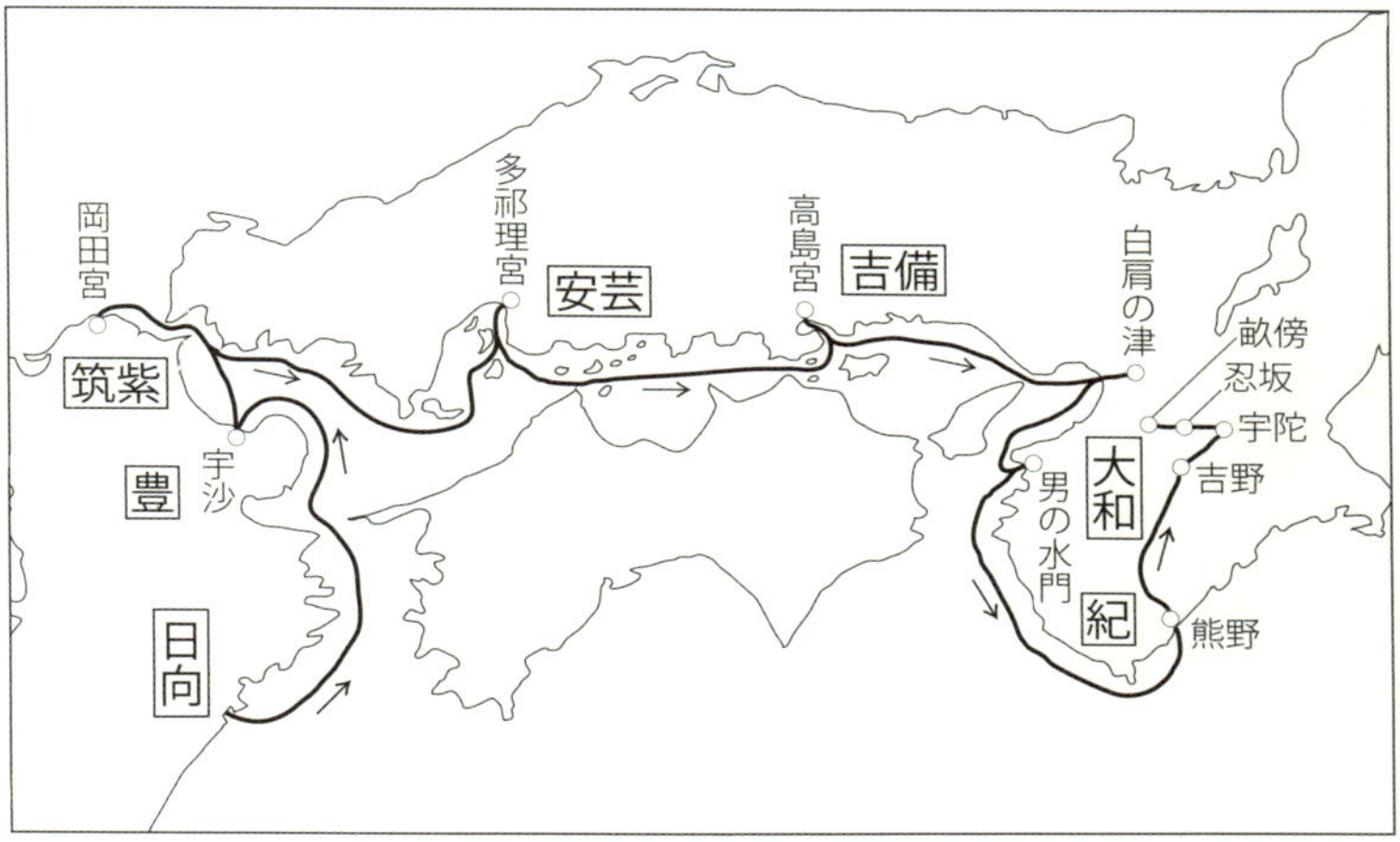

神武東征の経路

えられてきた。たしかに『古事記』の中つ巻は、「歴史」を志向しているとはいえよう。だが同時に、「東征」の記述は、理想的な土地を求めて、苦難を重ねながら巡行していく神々の「国まぎ」説話のパターンをふんでいる。「歴史」は丸裸の状態で記されるのではなく、つねに説話のパターン、神話の構造を利用しながら記述されていくのである。それを読み解くのが「神話学」の視点だ。

さて、浪速に到着したイハレビコの軍勢は、そのまま一気に大和の地に入ることも可能なのだが、わざわざ迂回して「熊野」に向かっている。これは従来から謎とされるところだ。浪速からそのまま大和に進攻するのも可能なのに、なぜ遠回りして熊野に向かっていくのか。

ここには「熊野」という土地が、神武東征の物語に欠かせない意味をもつことが暗示されていよう。

「熊野」というトポス

熊野に入ったイハレビコは、大きな「熊」に遭遇する。すると、軍勢ともども「をえ」＝気絶してしまう。熊は熊野の荒ぶる神の化身であったのだ。このとき熊野のタカクラジという人物が一振りの剣をもって現れる。タカクラジが剣を献上すると、イハレビコは正気に戻った。そしてタカクラジが奉った剣で、熊野の山の荒ぶる神たちはことごとく切り倒されていった。

そこでイハレビコがタカクラジに、献上した剣の由来を問うと、タカクラジはこう答えた。

> おのが夢に云はく、天照大神《あまてらすおほみかみ》・高木《たかぎ》の神の二柱《ふたはしら》の神の命もちて、建御雷《たけみかづち》の神を召して詔《の》らしく、「葦原《あしはら》の中つ国は、いたくさやぎてありなり。あが御子等《みこたち》、不平《やくさ》みますらし。その葦原の中つ国は、もはらいましの言向《ことむ》けし国ぞ。かれ、いまし建御雷の神降《くだ》るべし」とのらしき。しかして、答へ白《まを》ししく、「あは降らずとも、もはらその国を平らげし横刀《たち》あれば、この刀《たち》を降すべし」とまをしき。（この刀の名は、佐士布都《さじふつ》の神といひ、亦の名は甕布都《みかふつ》の神といひ、亦の名は布都《ふつ》の御魂《みたま》。この刀は、石上《いそのかみ》の神の宮に坐《いま》すぞ）。この刀の降さむ状《かたち》は、高倉下《たかくらじ》が倉の頂《むね》を穿《うか》ちて、それより堕《おと》し入れむ。かれ、あさめよく、なれ取り持ちて、天つ神の御子に献《たてまつ》れといふ。かれ、夢の教へのまにまに、旦《あした》におのが倉を見れば、まことに横刀あり。かれ、この横刀をもちて献

しにこそ。

〔私は、こういう夢を見ました。アマテラス・タカギノカミの神たちがタケミカヅチを召して「葦原の中つ国は、たいそう騒がしい音が聞こえるぞ。われらの御子イハレビコが病気になっている様子だ。その葦原の中つ国はかつておまえが服従させた国だ。だからタケミカヅチよ、地上に降ってイハレビコを助けよ」と仰せになった。これにたいしてタケミカヅチは「わたしが降らなくても、葦原の中つ国を平定したときの剣があるので、自分の代わりにその剣を降らせましょう」と申した。（この剣の名前は、サジフツノカミといい、またの名をミカフツノカミといい、またの名をフツノミタマという。この剣は石上神宮に鎮まっている）。そこでタケミカヅチは、この剣を地上に降らす方法として、タカクラジの倉の屋根に穴をあけて、そこから落としいれた。そこで、おまえが朝目覚めたら、その剣をもって、イハレビコに献上しなさい、という夢でした。そこで夢のお告げのとおりに、翌朝、私が倉を見ると、まさしくその剣があったのです。それで、この剣を献上したのです。〕

（『古事記』中つ巻）

タカクラジが夢のなかで見た光景——。アマテラスはタケミカヅチに、かつて「葦原の中つ国」はお前が服従させた国だと述べる。いうまでもなく、それはタケミカヅチが出雲のオホクニヌシに国譲りをさせた神話にもとづく。そのときの経緯から、いま中つ国で危機に陥っているイハレビコを助けに行くようにと、タケミカヅチに命じているのだ。

だが、この命令にたいして、タケミカヅチは自ら地上に降るのではなく、彼の霊力のシンボルである剣だけを降した。その剣によってイハレビコは窮地を脱することができたのだ。ここには、人代においては、神話のなかの神そのものは来臨せず、神のシンボルだけが顕現するという構造が読みとれよう。国譲りの神話にもとづきながら、しかし神々が直接活動するのではない、まさに「歴史」の始まりが読みとれよう。神話から歴史へのシフトの現場が、ここにあるのだ。

そしてこれらのことが、すべてタカクラジの「夢」を通して語られていることも興味深い。タカクラジは夢によって、神々の世界とコンタクトをとるのだ。彼もまたシャーマンのひとりといえよう。

それにしても、なぜイハレビコは熊野に入ったとたんに「をえ」＝正気を失ってしまったのだろうか。それはなにを暗示しているのだろうか。じつは、「をえ」することにこそ、彼が迂回してまで熊野に行く意味があったのだ。それはどういうことか。

熊野の「クマ」とは、隅＝辺境である。神話の構造としては、熊野は「出雲」とも重なるような、周辺的なもの・穢れたもの・混沌としたものの象徴性をもつ（西郷信綱『古事記の世界』）。実際、出雲と熊野には共通する地名も多い。イハレビコは、王権の根拠地となる「大和」に到着するためには、「熊野」という周辺的な空間を経過しなければならないのだ。それを経ることで、聖なる中心としての大和に到り着くことができるのであり、「神武天皇」という聖なる王に再生・ステージアップすることができるのである。つまり熊野における「をえ」の物語には、死と再生のイニシエーションの神話構造が見てとれるのだ。熊野を通過することこそ、イハレビコが「天皇」という存在へ生まれ変わり、成長していくための、不可欠なイニシエーションであったのである。

ただ注意すべきは、熊野における試練は、イハレビコ自身の力で克服しえなかったところだ。熊野を舞台とする死と再生のイニシエーションは、シャーマン的人物であるタカクラジの力を得てはじめて可能となるのだ。ここにもイハレビコが、神々とは異なる「歴史」を生きる「天皇」に変化したことを示していよう。

「王」のふたつの身体

熊野における試練を克服したイハレビコは、ヤタカラスに導かれて、吉野の山中へと分け入り、そこに出現する「尾生《お》ふる」イヒカやイハオシワクノコなどの異形な国つ神たちを次々に服従させていく。そして宇陀《うだ》（奈良県宇陀市）のエウカシ・オトウカシの兄弟たちを服属させ、さらに忍坂《おさか》（奈良県桜井市忍坂）で土蜘蛛ヤソタケルを撃ち殺し、ついに畝傍《うねび》の橿原《かしはら》の宮（奈良県橿原市）で即位した。「神武天皇」である。

あらためて、神武東征伝承とは、『古事記』上つ巻に記された、神代の世界＝神話を利用し、それを地上の王の誕生の物語として再構築していることが読みとれよう。もちろんそれはたんなる神話の反復ではない。イハレビコ＝神武天皇は、あくまでもこの地上世界の王として即位するのだから。

ここからは、「天皇」として即位する存在が、つねにふたつの身体をもつことが見出される。神話に繋がる身体をもつ「現つ神《あきつかみ》」としての存在と、この世で限られた生命をもつ「現し身《うつしみ》」の存在との二重性である（桜井好朗『祭儀と注釈』）。そのことが、神武天皇の即位伝承に刻印されていよう。

一方、編年体をとる『日本書紀』によれば、神武天皇の即位は、「辛酉年《しんいうのとし》の春正月の庚辰《かうしん》の朔《つきたち》」と記されている。神武が即位した「辛酉の年」（紀元前六六〇年）という記年は、中国の陰陽五行説にもとづく「辛酉革命」（二十一年度目の辛酉の年に革命が起こるという思想）の説から割り出されたという解釈が定説である（井上光貞『神話から歴史へ』）。

さらに「春正月」という設定も、中国伝来の新暦において「新春」に王が即位するという観念にもとづくと考えられる（西郷、前出書）。こうした『日本書紀』の編年体による記述によって、神話のなかの身体をもつイハレビコは、さらに中国「帝国」のグローバルな「暦」＝「歴史」のなかの天皇へと位置付けられるのだ。『日本書紀』の神武天皇は、中国と共有する普遍的な暦＝歴史のなかの「天皇」になったといえよう。

もちろん『古事記』には、そうした編年体の記述は一切ない。グローバルな「歴史」とは異なる記述を『古事記』はめざしていたのだから、それは当然だろう。だが、そうでありつつ、イハレビコは、神代のなかのオホクニヌシという「王」とは違う「天皇」とならねばならない。では、編年体を用いない『古事記』は、どうやって神話と歴史を区別するのか。その方法のひとつが書物の構成を「上つ巻」から「中つ巻」へと転換させたことにあった。上・中・下という巻立ては、中国的なグローバルな「歴史」は拒否しつつ、しかし自らのなかに組み込んだ、ヤマトの「歴史」の描き方を構築する方法だったと考えられるのだ。

顕現したオホモノヌシと崇神天皇

天理から三輪へと続く奈良・山の辺の道。その途中、三輪山を間近にひかえた地に、ひとつの陵墓がある。その被葬者とされているのが、ミマキイリビコイニヱノスメラミコト・崇神天皇である。古代史の研究では、奈良盆地の東南の山麓、三輪山を囲む一帯を拠点とした「三輪王朝」の始祖とされる人物だ。『古事記』のなかでは、神武天皇のあと系譜のみが伝わる、いわゆる「欠史八代」に続いて即位する十代目の天皇である。陵墓から三世紀後半頃と推定されている。

さて古代史の研究者から「三輪王朝」の始祖と呼ばれるように、崇神天皇は三輪山と深い関係がある。そしてその三輪山に祭られる神こそ、オホモノヌシであった。なぜオホモノヌシは三輪山に祭られるのか。そしてオホモノヌシとはいかなる神なのか。『古事記』に語られた経緯を追ってみよう。

崇神天皇の時代、国中に疫病が大流行して、多くの人民が死に絶えようとしていた。そこで天皇は神のお告げを聴いて、その原因を知ろうとした。その夜、天皇の夢にオホモノヌシが現れて、

こは、わが御心ぞ。かれ、意富多々泥古《おほたたねこ》をもちて、あが前を祭らしめたまはば、神の気起《けおこ》らず、

三輪山

国も安平《やす》らかにあらむ。
〔疫病が流行するのは、われの御意志によるものだ。したがって、オホタタネコによって、われを祭らせなさったならば、神の祟りも鎮まり、国も平安に治まるであろう〕　（『古事記』中つ巻）

と、神託を告げた。そこで天皇は各地に早馬の使者を派遣して、オホタタネコなる人物を探させたところ、河内の美努《みの》（大阪府八尾市上之島町付近）の村でその人を見つけることができた。天皇は、オホタタネコの素性を確認すると、彼を神主にして「御諸山《みもろやま》」（三輪山）にオホミワの大神を斎《いつ》き祭ったのである。さらにその他にも多数の神々の祭祀を「天つ神地《くに》つ祇《かみ》の社《やしろ》」として祭り、疫病は治まり、国の平安は戻ったという……。

さて、古代国家を未曾有の危機に陥れた疫病の流行は、オホモノヌシの神の祟りであった。崇神天皇は、そうした神の祟りを察知し、それを祭り鎮めた偉大な天皇ということになろう。この経緯をふまえて、崇神天皇の御世は「初国知らしめしし御真木《みまき》の天皇《すめらみこと》」と称えられたと『古事記』は記す。神々の祭祀を始めた天皇、という位置づけである。だが、神々の祭祀のなかで、もっとも重要なのがオホモノヌシの祭祀にほかならなかった。

あらためてオホモノヌシとはいかなる神なのか。

オホモノヌシとは何ものか

崇神天皇によるオホモノヌシ祭祀は、三輪山の神を奉祭していた氏族たちがヤマト王権に服属した歴史の反映、と見るのが古代史研究の解釈である。オホモノヌシを祭ったオホタタネコは、「神《みわ》の君・鴨の君」という氏族たちの始祖として位置づけられているからだ。

しかし、神話学的には、さらに大きな広がりをもって見ることができそうだ。じつは、オホモノヌシは、その名前は出てこないものの、出雲の王・オホクニヌシの神話世界に登場していたのである。オホクニヌシの「国作り」の最終段階、海の彼方から光輝く神として来臨し、「よくあが前を治めば、あれよく共与《とも》に相作り成さむ。もししからずは、国成りがたけむ」（しっかりとわが御前を祭れば、われは共に国の支配をなそう。もし祭らなければ、国は成り立たないだろう）と告げた神である。その祭る場所は、「倭《やまと》の青垣《あおかき》の東《ひむがし》の山の上《へ》」と指定され、これが三輪山に祭られた神＝オホモノヌシとある（Ⅳ章一二二頁参照）。

ここで気がつくのは、出雲のオホクニヌシにむけた「よくあが前を治めば……」という言葉が、中つ巻の崇神天皇に発せられた言葉とそっくりなところだ。つまりヤマトの国の統治・支配にとって、オホモノヌシという神を祭り鎮めることが不可欠であったのである。

そして重大なことは、『古事記』の神代のなかで、オホクニヌシがオホモノヌシを祭ったという記述はないことだ。そもそもオホクニヌシ自身は、この神の名前を明らかにすることもできていない。神代の世界では、オホモノヌシ祭祀は、ついに未完成のままだったのだ。そうすると、人代になった崇神天皇によってはじめて、オホモノヌシ祭祀が完成したということがいえるだろう。崇神天皇こそ、神代のオホクニヌシを超え出た、あらたな地上の王＝天皇と成った人物であったことが、ここで強調されるわけだ。崇神天皇もまた、『古事記』のなかの「成長する神々」の系譜にあったといえよう。

崇神天皇が完成させたオホモノヌシ祭祀。その中心にあるのは、神の子孫＝オホタタネコを祭り手として祭らせるという方法である。それを知りえたのも、崇神天皇の功績となろう。

ところで、『古事記』のなかでは、オホモノヌシ祭祀のあとに挿入されているエピソードがある。オホモノヌシを祭り鎮めることができたオホタタネコが「神の子と知るゆゑは……」と語られていく、有名な三輪山神婚伝承である。こんな話だ。

イクタマヨリビメという美しい女性のもとに毎晩、音もなく突然に若者がやってきて、やがてふたりは通じ合った。しばらくすると娘は妊娠する。それをいぶかった両親は、長い糸をつけた針を

大神神社

若者の裾に刺しておくようにと娘に教え、若者の素性を知ろうとした。翌朝見ると、長い糸は扉の鍵穴から出ていた。糸をたよりに後を辿ると、三輪山の頂上の神の社に至った。そのことで、イクタマヨリビメのもとに通った男が三輪山の神、オホモノヌシであることが判明したのである。そしてそのとき生まれた子が、オホタタネコの先祖となるわけだ。ここでオホタタネコが「神の子」であることが証明されたのである。ちなみに、鍵穴を抜け出た男の正体は蛇体の神であった……。

この話は、後に『平家物語』や各地の昔話などの「蛇婿婚姻譚」のルーツとされるものだ。なぜ、こんな昔話ふうの伝承がここに挿入されるのか。いうまでもなく、自らの子孫によって祭りを行えとオホモノヌシが命じたことを、崇神天皇が完璧に行ったことの証明となっているのだ。

さて、これらの経緯から、三輪山の大神神社《おおみわ》に鎮座するオホモノヌシは、疫神、祟り神としてダークなイメージが強い。またその正体は蛇体の神であった。あらためてその神名を見ると、オホモノヌシとは、大いなる「モノ」の主の神という意味になる。「モノ」とは何か。いうまでもなく物の怪《け》の「モノ」でもある。モノとは、正体不明の、なんとも知れぬ恐ろしい気配のような存在を示す。だからこそ、一番恐れられる神となる。

ちなみに「モノ」が伝える語感は、現代語にも「モノ悲しい」「モノ寂しい」という表現にある。なんだか原因も理由もわからないが、やたらと悲哀や寂寥に取り憑かれてしまう状態。それぐらいやっかいな「モノ」はないだろう。人間の内面の、まさに一番奥の扱いにくい「モノ」だ。

そうした「モノ」を体現する神を祭ることが、国家の安泰に不可欠であったとは……。それは「国家」なるものの成り立ちの暗い秘密を思わせよう。

ちなみに『日本書紀』の垂仁天皇条に挿入される「異伝」では、じつは崇神天皇は神の祭り方を誤ったために短命であったという異伝承も伝えられている。

「出雲の大神」の祟りと夢

神を祭る天皇として、もうひとり重要なのが十一代目のイクメイリビコイサチノスメラミコト、垂仁天皇である。垂仁天皇の時代には、任那《みまな》と新羅《しらぎ》との抗争に始まり、皇后の兄サホビコの謀反など政治的な事件が続く。だが天皇にとって一番大きな出来事は、皇子のホムチワケが成長後も一言も喋ることができなかったことだ。その理由を知るために、ここでも天皇は夢のお告げを得る。

ここに、天皇《すめらみこと》患《うれ》へたまひて、御寝《みね》ませる時に、御夢《みいめ》に覚《さと》して曰《の》らししく、「わが宮を天皇の御《みあ》舎《らか》のごと修理《つくろ》ひたまはば、御子必ず真事《まこと》とはむ」と、かく覚《さと》したまふ時に、ふとまにに占相《うらな》ひて、いづれの神の心ぞと求めしに、その祟《たたり》は、出雲《いづも》の大神の御心にありき。

〔そこで天皇は心配になって、お眠りになるときに神が夢のなかで「われを祭る宮を、天皇の宮殿と同じように、りっぱになるように修理したならば、御子のホムチワケは物を言うことができるだろう」と教え告げた。このように教えてくれたとき、卜占の術を使って、いかなる神の意思であるのかと求めたところ、この祟りは、出雲の大神の意思であることが判明した。〕

（『古事記』中つ巻）

息子のホムチワケが喋れなかったのは、「出雲の大神」の祟りであった。出雲の大神……「自分の神殿を天皇の宮殿と同じように修理せよ」と命じた神。そう、天皇の宮殿と同じ神殿で祭ることを交換条件に「国譲り」をしたオホクニヌシである。しかし、その約束に反して、オホクニヌシの神殿は、いま荒れ放題になっていた。その祟りで、天皇の皇子は言葉が喋れなかったのだ。

お告げを受けた天皇は、アケタツの王《おおきみ》、ウナカミの王を皇子に添えて、出雲の大神の宮へ赴かせ、拝礼させた。拝礼を終えた皇子は、帰りの道筋、皇子に大御食《おおみけ》を献上しようとした出雲の国の造《みやっこ》の祖にむけて、「葦原《あしはら》の色許男《しこを》の大神をもちいつく祝《はふり》の大庭《おほには》か」（アシハラノシコヲの大神を祭り斎く神官たちの祭場か）という言葉を初めて発したのである。そこで供についていた人びとはみな大喜びした……。

このエピソードは、天皇の治世がオホクニヌシと密接な繋がりをもつことを暗示していよう。出雲のオホクニヌシとの約束が破られれば、天皇の身内に不幸が起きる。何か災いがあれば、その原因は神代のことに求められるのだ。

ここでオホクニヌシが「出雲の大神」と呼ばれることに注意しよう。この事件をきっかけとして、オホクニヌシは「出雲の大神」として祭られる神へと変成したのである。それは「出雲の大神」の祭祀が、天皇の地上支配には不可欠であることが、再確認されたことといってもよい。神代における「国譲り」の神話が、歴史のなかで再現されたのである。ちなみに現代においても、年二回、出雲大社には宮中の使者が派遣され、供物が捧げられているという。国譲りの神話は、いまも生きているといえよう。

あらためて気がつくのは、神武天皇から崇神、垂仁へと続くところ、神々とのコミュニケーションがすべて「夢」を介していたことだ。「夢」が聖なるものとの交渉手段となるのは、一般にも知られるところだろう。それは「ユメ」という言葉の語源にも関わる。ユメ（古くは「イメ」ともいう）の「ユ」（イ）は、神聖な、清浄なという意味。「メ」は目。つまり夢とは、神聖な目で見ている世界、ということになる（西郷信綱『古代人と夢』）。まさに神々の世界を見る目、だ。それは神々の世界から離れた人の世界において初めて獲得されるものである。神々は夢を見ない。神々の生きている世界そのものが「夢」なのだから。『古事記』の中つ巻に入って「夢」を描くのは、それが「神話」そのものから次の世界＝「歴史」へと移行したことを明らかにする方法といえよう。

ヤマトタケルとは誰か

神武天皇の即位から、十二代目の天皇・オホタラシオシロワケノスメラミコト、景行《けいこう》天皇の皇子として生まれたのが、本章、最後の主人公ヤマトタケルである。

ヤマトタケル、少年時代の名前はヲウス。またヤマトヲグナとも呼ばれる。父天皇との確執、辺境の地での孤独な戦い、女性たちとの恋物語、そして悲劇的な最期と白鳥となって天空を飛翔していく結末……。彼の物語は日本神話のなかでももっともロマンに溢れた英雄譚といえよう。

だが、「ヤマトタケル」とは、そもそもヤマトの勇者という一般名詞でもある。ロマンに満ちた英雄物語の背後には、ヤマトの勇者たちが諸国のまつろわぬ者たちを討伐していった歴史の記憶がこめられていた。それをひとりの皇子の物語として語り伝えたのが「建部《たけるべ》」と呼ばれる地方の軍事集団の語り手たちであったという（上田正昭『日本武尊』）。ヤマトタケル物語は、ヤマト朝廷の発展の一過程を語るのである。

けれども『古事記』のヤマトタケル譚は、神話世界との共鳴と断絶を色濃く伝える物語でもある。

さらに『古事記』のヤマトタケルは、『日本書紀』ではまったく違う描かれ方をしているのも見過ごせない。ふたりのヤマトタケルがいるのだ。

まずは、『古事記』のヤマトタケル物語を読んでみよう。

クマソ討伐の物語

『古事記』のなかのヤマトタケルの物語は、暴力に満ち溢れたシーンから始まる。兄のオホウスが、朝夕の食膳の席に出てこないので、父の景行天皇は弟ヲウス（後のヤマトタケル）にたいして、無礼な兄に「ねぎ教へ覚《さと》せ」（やさしく教え諭《さと》せ）と命じた。するとヲウスは兄が明け方に厠《かわや》に入ったときに待ち伏せして、手足をもぎとり、死体を薦《こも》に包んで投げ捨ててしまう。父の「ねぎ教へ覚せ＝やさしく教え諭せ」の意味を「痛めつける」と解釈したのである。現代語でも「かわいがる」が痛めつける意味になるのと同じ感覚だ。

さて、兄の殺害を知った景行天皇は、ヲウスの凶暴さを恐れて、西の方に盤踞《ばんきょ》している、まつろわぬクマソタケル兄弟の征伐に遣わすことにした。こうした荒ぶる暴力性、また父から疎《うと》まれ、追放されるヤマトタケルには、神話世界の神の姿が重なってくる。そう、荒ぶる神スサノヲである。ヤマトタケルは荒ぶる英雄神スサノヲの系譜にあるのだ。

こうしてヲウスは、西国の異族の長・クマソタケル征伐に旅立った。だがそれは正規軍によって正面から挑むものではない。クマソタケル兄弟が新築落成祝いの宴を開いているとき、ヲウスは、伊勢神宮の巫女である叔母から貰った女性の衣装に着替え、乙女に扮装して宴の席に紛れ込む。好色なクマソタケル兄弟が女装したヲウスを近づけたとき、ふたりが油断をした隙に懐に隠しもった剣で惨殺してしまう。この狡猾な作戦も、ヤマタノヲロチを酒で酔わせて……というスサノヲの方法と通じていよう。知恵を働かせる英雄の姿だ。

ヲウスに敗れたクマソタケルの弟は、息を引き取る前にヲウスにこう語った。

西の方にわれ二人を除《お》きて、建《たけ》く強《こは》き人なし。しかるに、大倭《おほやまと》の国に、われ二人に益《まさ》りて、建き男《を》は坐《いま》しけり。ここをもちて、われ御名《みな》を献《たてまつ》らむ。今より後は倭建《やまとたける》の御子《みこ》と称《たた》ふべし。

〔西国にはわれわれ二人を除いて、勇猛な人はいない。しかし、ヤマトの国には、われわれ以上の勇猛な男がおられたことよ。そこでわたしはあなたに名前を奉ろう。これからはヤマトの勇猛な男と誉め称えられる、ヤマトタケルの御子と名乗られよ。〕

（『古事記』中つ巻）

ヤマトタケルという名前。それは殺害した西の国の異族の長から奉られた名前であったのだ。これ以降、ヲウスは「ヤマトタケル」と呼ばれることになる。

ヤマトタケルという名前を得る、クマソタケル征伐の物語。それはヲグナ（少年）から成人のヲトコに成長していくイニシエーションでもあった。乙女の姿に変装するのも、北アジアやインドネシアなどに伝わる男性が女装した巫女を演じる儀礼と共通するという。

しかし一番重要なのは、ヤマトタケルが西国の辺境の王からあたらしい名前を授けられるところだ。それはオホナムヂが、根《ね》の堅州国《かたすくに》の王スサノヲから「オホクニヌシ」の名前を得ることと似ていよう。ヤマトタケルのクマソ征伐とは、異界世界を訪れ、試練を受け、成長していくイニシエーションの構造をもっていたのだ。

だが、クマソ征伐という試練をクリアーしたヤマトタケルには、さらなる困難が待ち受けていた……。

東征とタケルの死

クマソタケルを倒したヤマトタケルは勇んで凱旋してきた。だが、父の景行天皇は、休む間も与えず、「東の方十二カ国の荒ぶる神たち、朝廷に服従しない者どもを平定せよ」と、次なる命令を下す。勅命を受けたヤマトタケルは、伊勢神宮に参拝し、巫女を勤める叔母ヤマトヒメのもとに行き、こう歎いた。

「天皇、すでにあを死ねと思ほすゆゑにか、何とかも西の方の悪《あ》しき人等を撃ちに遣はして、

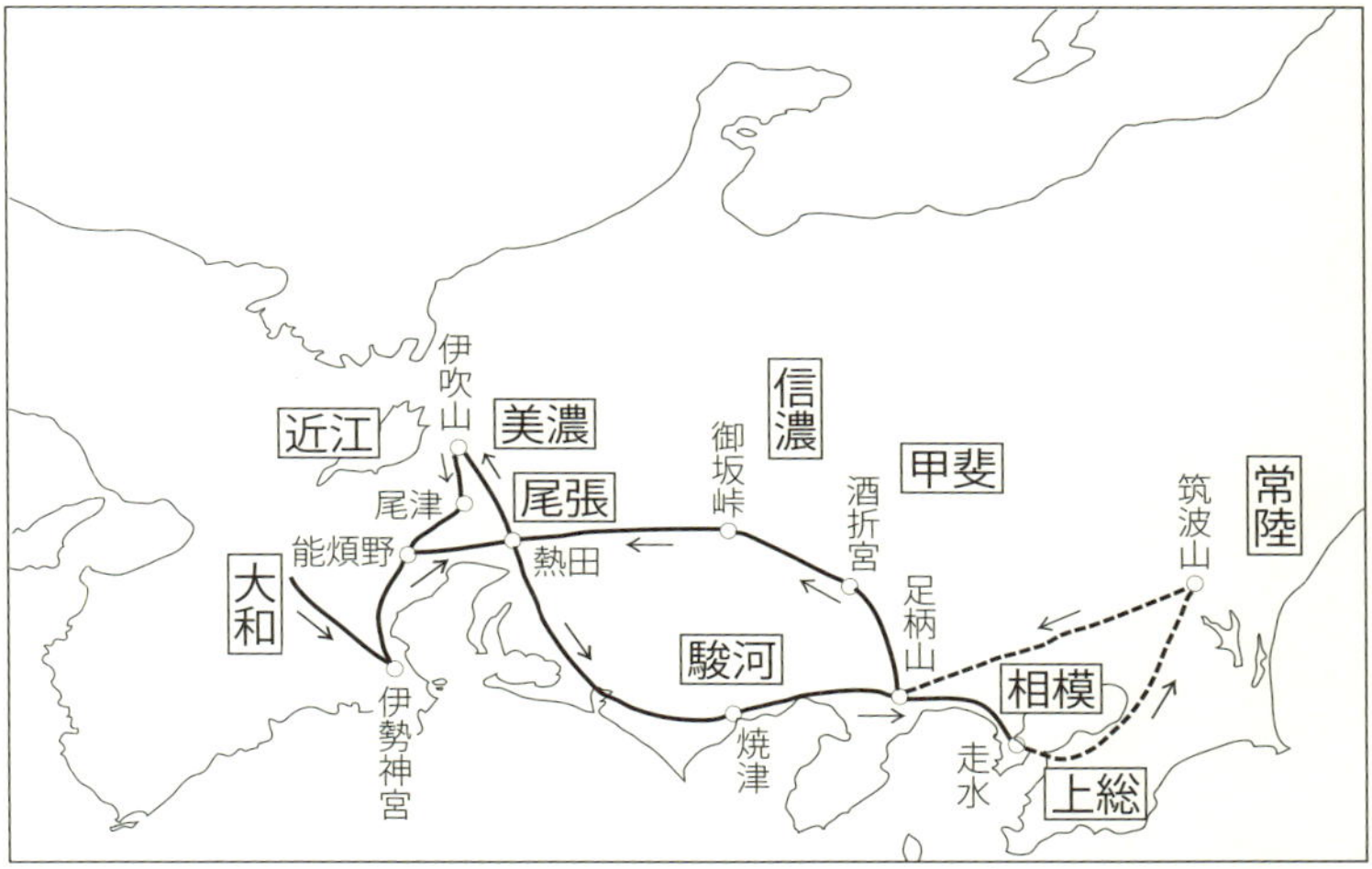

ヤマトタケル東征の経路（『日本古典文学全集　古事記・上代歌謡』より）

返り参上《まゐのぼ》り来《こ》し間、いまだいくだもあらねば、軍衆《いくさびとら》を賜はずて、今さらに東《ひむがし》の方十《とを》あまり二つの道の悪しき人等を平らげに遣はすらむ。これによりて思惟《おも》はば、なほ、あれすでに死ねと思ほしめすぞ」と患《うれ》へ泣きて罷《まか》ります時に……。

〔「父の天皇は、まったくわたしなどは死ねばいいと思われているのだろうか。どうして西の方の悪しき者どもを征伐して、戻ってきてまだいくらも時間もたっていないのに、兵隊たちも下さることもなく、次は東の方の十二国の悪しき者どもの平定に派遣されるのでしょうか。これから推察すれば、やはりわたしなどは死んでしまえとお思いなのでしょう」と、歎き悲しんで、退出するときに……。〕

（『古事記』中つ巻）

荒ぶる勇者・ヤマトタケルが、父に疎まれていることを切々と叔母に訴えるシーンだ。『古事記』のなかの屈指の名場面とされるところである。ヤマトタケルの悲しみを知ったヤマトヒメは、草薙《くさなぎ》の剣《つるぎ》と火打石を入れた袋をタケルに授ける。ヤマトタケルは、父を恨みながらも、その命令に背くことなく、東国へのあらたな戦いに出立していくのである。

ヤマトタケルに授けられた草薙の剣は、いうまでもなく、スサノヲがヲロチを退治したとき、その尻尾から見出された聖なる剣である。後に天皇王権のレガリア＝「三種の神器」のひとつになる霊剣だ。神代では、スサノヲからアマテラスに献上されたことまで語られていたが、その剣がなぜ伊勢神宮に保管されていたかはわからない。おそらく天孫降臨に際して、アマテラスの魂をこめた鏡と共に伊勢に降ったのだろう（Ⅴ章一六二頁参照）。

東征へ出立するヤマトタケルが、アマテラスを祭る伊勢神宮に参拝し、草薙の剣をヤマトヒメから与えられるのは、彼が、天皇王権の権威をもって東国平定に赴くことを意味しよう。そして深層的には、草薙の剣を介して、ヤマトタケルとスサノヲとの繋がりが暗示されるのである。ちなみに室町時代の能の演目「草薙」（宝生流のみに現行される）では、ヤマトタケルの東征の途上、ヤマタノヲロチが巨大な山となって行く手を妨害し、スサノヲに奪われた剣を取り返そうとするシーンがある（斎藤英喜「「草薙」と中世の神話世界」）。ヤマトタケル伝承とスサノヲ神話とがミックスされる趣向だ。ただしその元ネタは『平家物語』剣の巻にあった。

さて、伊勢神宮をあとにしたヤマトタケルは、尾張《おわり》の国、相模《さがみ》の国、常陸《ひたち》の国へと東征の旅を続ける。そこで彼は、荒ぶる蝦夷《えみし》、山河の荒ぶる神、まつろわぬ者どもを平定していくのだが、その戦いのなかで興味深いのは、彼が多くの女性たちに助けられていくところだ。

まずは草薙の剣を授けてくれた伊勢神宮の巫女ヤマトヒメ。そして相模の国の走水《はしりみず》の海で嵐にあったとき、海の神の怒りを鎮めるために入水した妻のオトタチバナヒメ。さらに尾張の国の巫女ミヤズヒメ……。彼女たちは、もともとは敵国＝異郷世界の豪族の娘であった。土地の神に仕える巫女ともいえる。その意味では、叔母のヤマトヒメもまた、伊勢神宮という神々の世界＝異世界に配された巫女であった。ヤマトタケルは、こうした異郷世界の女性たちに守られ、助けられながら英雄としての戦いを続けていくのである。

さらに彼が草薙の剣で戦うところは、彼がヲロチ＝ヘビという動物の力を自由に操る能力の持ち主たることを暗示しよう。女性に守られ、また動物の呪力を身につける英雄。ここからヤマトタケルの姿には、荒ぶる英雄スサノヲとともに、出雲のオホクニヌシとの系譜的な繋がりも見えてくるのである。

しかしヤマトタケルの物語には、スサノヲやオホクニヌシとは違う結末が待っていた。伊吹山《いぶきやま》での最後の戦いのとき、ヤマトタケルは草薙の剣をミヤズヒメのもとに置いてきてしまう。さらにヤマトタケルは、伊吹の山の神にたいして、素手で討ち取ってやろうと言挙げしたばかりに、山の神の祟りを受けて倒れてしまった。そして望郷の念を残しつつ、病死してしまうのである。その魂は、白鳥となって天翔《あまがけ》り、地上世界から消えて入った……。

辺境の地での戦い。そして死。けれどもヤマトタケルは、神話世界の神々のように死をへて、あらたな王へと再生することはなかった。死んだヤマトタケルの魂は白鳥となって、天空高く飛翔し、最後は河内の国へと降り立つ。そこに御陵が作られるが、しかしふたたび天に舞い上がっていき、ヤマトタケルの魂は鎮まることなく彷徨《さまよ》いつづけるのである（三浦佑之『古事記講義』）。

ヤマトタケルは、神代のスサノヲやオホクニヌシの系譜をひく荒ぶる英雄であった。だが、スサノヲやオホクニヌシが根の国、葦原の中つ国の「王」へと成長していったのにたいして、ついにヤマトタケルは王＝天皇にはなれなかったのだ。まさに悲劇の英雄である。

では、『古事記』のなかでヤマトタケルの物語はどういう意味をもつのだろうか。

神話的には、まつろわぬ者たちを討伐し、試練のイニシエーションをへて「王」へと成長するはずのヤマトタケル。だが彼は、父天皇から疎まれ、最後は彷徨える魂の死をむかえる。それは逆説的には、「天皇」という存在が、ヤマトタケルのような荒ぶる英雄性を否定することで、あらたな国家の制度的存在になっていくことを暗示しているのだ。国家という制度に支えられる天皇には、もはや荒ぶる力や英雄的な行動は必要がなかった。それらの属性を切り捨てることの象徴が、ヤマトタケルの物語なのである。その意味では、ヤマトタケルの物語は、逆説的な意味で、「天皇」なるものの成長過程を語っているとも理解できよう。

もうひとりのヤマトタケル

一方、『日本書紀』のヤマトタケルはどのように描かれているのだろうか。たとえば西国の征伐のエピソードでは、父の景行天皇が主体となっていてヤマトタケルはあくまでもその補佐的な役割でしかなかった。また東国征討も、父の命令ではなく、彼自らが望んで出征していく。こんなふうにヤマトタケルは語る。

是《ここ》に日本武尊《やまとたけるのみこと》、雄誥《をたけび》して曰《まを》したまはく、「熊襲《くまそ》既に平《ことむ》けて、未だ幾《いくだ》の年も経ざるに、今し更《また》東夷叛《あづまのひなそむ》けり。何《いづれ》の日にか大平《たひら》ぐるに逮《いた》らむ。臣労《やつかれいたは》しと雖《いふと》も、頓《ひたぶる》に其《そ》の乱《みだれ》を平《たひら》げむ」とまをしたまふ。

〔かくしてヤマトタケルは雄雄しく告げて、「クマソを平定してまだ幾年もたっていないのに、今また東の蝦夷たちの国が叛いた。いったいいつになったら平定できるだろうか。わたしにとって、苦労ではあるけれど、ひたすらにその反乱を平定しましょう」と申し上げた。〕

（『日本書紀』景行天皇四十年七月）

この勇ましい言葉、『古事記』のヤマトタケルとはまるで別人のようだ。当然、ここに登場するヤマトタケルは、ヤマトヒメに泣きつくようなことはしない。ヤマトヒメもただ草薙の剣を渡して、「油断することなく戦え」と告げるだけである。いったい、どっちが本当のヤマトタケルなのだろうか。いや、どちらも本当のヤマトタケルなのだ。古代日本には、『古事記』と『日本書紀』のふたりのヤマトタケルがいたのである。

『日本書紀』のヤマトタケルは、父に愛され、信頼される、忠実な「皇族将軍」であった。それは、中国から移入された律令制度にもとづく中央集権的な統一国家にふさわしい理想的な「臣下」の姿といえる（呉哲男『古代日本文学の制度論的研究』）。また儒教道徳による孝行息子のイメージももっていよう。『日本書紀』の記述が、「帝国」中国のグローバルな世界観にもとづくこととリンクするところだ。

それにたいして『古事記』は、『日本書紀』が作り出す「中国的」な臣下像には収まりきれない、ヤマトの国の荒ぶる神の系譜に連なる英雄像を描き出した。父に疎まれ辺境の地で野垂れ死にするヤマトタケルには、父イザナキに疎まれ、追放される荒ぶる神スサノヲの面影を透かし見ることができよう。スサノヲの退治したヲロチから出現した草薙の剣がタケルの手に渡されるのも、暗示的であろう。『古事記』のヤマトタケルは、スサノヲやオホクニヌシといった、神話世界のエッセンスを凝縮するような物語であったといえよう。しかしヤマトタケルが草薙の剣を手放したとき、彼はもはや神話世界の荒ぶる英雄神のようには戦えないことを示していたのである。

白鳥となったヤマトタケルの魂は、天空を飛翔し、彼方へと飛び去っていく。『古事記』の神話世界がひとつの結末を迎えたことを、われわれに告げているかのように……。

ヤマトタケルから本居宣長へ、そして「今」へ

それにしても、『古事記』が描き出すヤマトタケルの姿は、なんとも「日本人好み」といえよう。実際、ヤマトタケルの物語は多くの日本人に愛好され、「スーパー歌舞伎」になって演じられたほどだ。その人気の秘密は、人並み以上の武勇をもちながら、父に疎まれることを叔母に泣きつき、自らの真情を包み隠さず吐露するようなところにあろう。

こうしたヤマトタケルのイメージを確定したのは、江戸時代後期の国学者・本居宣長（一七三〇～一八〇一）である。宣長は三十五年の歳月をかけて執筆した『古事記』の注釈書＝『古事記伝』のなかで、ヤマトタケルについてこう述べている。

此後しも、いさゝかも勇気《イサミ》は撓《タワ》み給はず、成功《コトナシ》をへて、大御父天皇の大命《オホミコト》を、違《タガ》へ給はぬばかりの勇《タケ》き正しき御心ながらも、如此《カク》恨み奉るべき事をば、恨み、悲むべき事をば悲み泣賜ふ、是ぞ人の真心《マゴコロ》にはありける。

（このあとも、少しも勇気は緩むことはなく平定を終えて、父天皇の命令を違えることないほどの勇気と正しい心をもちながら、このように恨むことは恨み、悲しむべきことには悲

しみ泣くこと、これぞまさしく人の真心というものである。」（『古事記伝』二十七之巻）

宣長は、ヤマトタケルの姿に人間の真情を見抜いたといえよう。だが宣長が発見したのは、けっして普遍的な人間像ではない。宣長は続けてこう述べている。もしこれが「漢人《カラビト》」だったら、本心は心の内に隠し、表面だけは勇ましいことをいうだろう、と。「皇国の古人《へ》の真心」とは、「うはべを飾る」ような漢人との対比のなかで見出されるのだ。宣長が見出した「人の真心」には、同時に中国への排外的な認識や妄信的な自国ナショナリズムが付随していたことを注意しよう。

宣長の言説は、江戸の封建社会の支配イデオロギーたる儒教的リゴリズムへの対抗や、藩単位に分断された幕藩体制から「皇国」＝「日本国」という、あらたな共同体意識を形成しようとする、十八世紀固有の背景がある。つまり宣長が『古事記』のヤマトタケルに見出した「皇国の古人の真心」とは、けっして古代以来の伝統的な日本人の心性などではなく、十八世紀の江戸社会のなかで作り出された、あらたな認識だったのだ。ちなみには、「人の真心」は宣長が『源氏物語』から見出した「物のあはれを知る」という言説とも通じる（斎藤英喜「「物のあはれ」の神話学」）。

ところで、『古事記』のヤマトタケルに「皇国の古人の真心」を見る宣長の主張からは、それこそ『古事記』という書物が日本人の始元を伝えるものとして、読み継がれてきたというイメージを導くだろう。実際、『古事記』は日本人が長い時代にわたって読み継いできた、最古の古典と思っている人も少なくない。

しかし、じつは『古事記』は長い時代のあいだ、ほとんど忘れられていた書物であった。「日本神話」のスタンダードとされてきたのは、『古事記』ではなく「中国」ふうの『日本書紀』だったのだ。そうした『日本書紀』一辺倒の時代のなかで『古事記』の価値を再発見した人物こそ、ヤマトタケルを絶賛した本居宣長その人であったのだ。そう、宣長の登場によって、それまで二流の扱いだった『古事記』の価値が見出されたのである。現代のわれわれが抱いている、『古事記』こそが古代日本の古い神話を伝える書物という認識は、十八世紀の宣長によって作られたものだったのだ。そしてそこには、『古事記』の可能性とともに、妄信的なナショナリズムへの落し穴も潜んでいた……。

さて、ここでわれわれは、けっこう重たい課題に突き当たる。偏狭なナショナリズムや「日本人の伝統」「日本の魂の故郷」といった紋切り型のキャッチコピーから、いかにして『古事記』の神話世界を解き放つことができるのか。そうしたイデオロギー的な見方に陥らずに『古事記』の魅力を知ることは、はたして可能なのか——。

こうした問いかけにたいして、本書では、イデオロギー的な色眼鏡をはずして、まずは『古事記』の本文をじっくり読み直すことから始めたのである。そのとき、われわれのまえに顕現した『古事記』の神たちは、たとえば性行為の秘儀と死の呪詛を発するイザナキ・イザナミや、荒ぶる神にして怪物を退治するスサノヲ、あるいは多くの試練をへて地上の王に成っていくオホクニヌシ、そして皇祖神たるアマテラスに秘められた戦う女性シャーマンの姿など、思いのほか軽やかで、自由自在に神話世界を動きまわる神々の相貌を見ることができた。まるで、硬直した近代的なイデオロギーなどを嘲笑っているかのように……。

そう、彼らの高笑いの声を聞きとることができたとき、二十一世紀の、この「今」にむけて、『古事記』の神話世界はあたらしい可能性をもって開かれていくだろう。

あとがき

机のそばの本棚にはふたつの『古事記』が入っている。ひとつは岩波日本古典文学大系版、もうひとつは新潮日本古典集成版の『古事記』。岩波版のほうは学生時代に熟読し、新潮版は教員になってから授業で使ったもの。どちらも表紙が取れてガムテープで補強したり、ページが破れたりしてボロボロになっている。

あらためて考えてみると、『古事記』とはもうずいぶん長い付き合いだ。二十代の後半に書いた修士論文も、タイトルは「古事記表現論序説」だった。『古事記』は僕にとって、もっとも古い馴染みの古典だ。でも、これまで何冊か本を出したにもかかわらず、『古事記』についての単行本は、これが最初になってしまった。長いあいだ、あちこち浮気し、ほったらかしにして、『古事記』にごめんなさい——。

でも、『古事記』や日本神話をめぐる単発の論文は書き溜めていたし、また歴史読み物系の雑誌には、何度も『古事記』についての文章を書く機会があった。そしてなによりも、教員になってからは、毎年のように『古事記』の授業をして、僕なりの「神話」の読み方を鍛えていたつもりだ。また、この四、五年のあいだ「カルチャーセンター」みたいな場所で、熟年の方たちを相手に『古事記』の講座を担当していたので、高知県のいざなぎ流のフィールド研究や安倍晴明、陰陽道の研究へ、また『古事記』から離れた、中世の神話の変貌に興味を移していても、つねに頭のなかには『古事記』をどう読むのか、というテーマがこびり付いていたことは、間違いない。

とくに教員になってからは、『古事記』や日本神話のことは知らないくせに、ゲームやアニメなどを通してギリシア神話や北欧神話とかにやたらに詳しいオタッキーな学生を相手に、彼らにどうやって『古事記』の神話の面白さを伝えられるかを工夫しながら授業することや、あるいは「カルチャーセンター」などで、たとえば戦前の教育で『古事記』を「歴史」として教わった世代や、または逆に『古事記』を「悪者」として排除する教育を受けた世代の方たちの、さまざまな反応に気を配りながら講座をするスリリングな体験からは、研究者仲間を相手にした「論文」を書いているときにはわからなかった、『古事記』についての「魅力」と「危うさ」、そして「奥深さ」を教えてもらうことができた。

したがって、今回の僕の『古事記』の本は、研究者のなかで積み上げられた、近年の研究動向や議論への「問題提起」でありつつ、若い学生たちや知識欲旺盛な熟年の方たちが近づきやすいスタイルを心がけた。それでも抽象的で骨ばった記述があるとしたら、そういうところは、まだ僕の「研究」が進んでいないところだろう。

さて、僕の最初の『古事記』の本を、こういうスタイルで出すことができたのは、すべてビイング・ネット・プレスの野村敏晴氏のおかげだ。野村さんとは、数年まえ、ある雑誌の特集企画のことで知り合い、その縁で京都で何度も一緒にお酒を飲んだり、あれこれと歓談する仲になった。今回の本の企画も、たしか先斗町の飲み屋で話しながら、決まったように思う。その後、他の仕事が入ったり、最初の企画を途中で何度も変更したりして、野村さんには、ほんとに心配と迷惑をかけてしまった。今、ようやく「先斗町」での約束を果すことができて、それがなによりもうれしい。また熟練の編集者である野村さんの厳しい目が、この本を鍛え上げてくれた。あらためて、感謝を申し上げます。

またいつものように、貴重な写真を提供してくれた、老舗歴史サイト「闇の日本史」の竹内敏規さんほか関係者の皆さん、また校正の手助けをしてくれた斎藤葉子にも感謝を。そして誰よりも、僕の授業や講座を受講したくださった方々に。あのときの授業や講座の話は、こんなふうな本になりました、とそのときの方たちにお伝えしたい。そしてその思いを、さらに多くの未知の方たちに……。

二〇一〇年一月　　京都紙屋川ぞいの寓居で

斎藤　英喜

◉参考文献一覧（本文中に引用したもの）

青柳まちこ「忌避された性」（坪井洋文他編『日本民俗文化大系10　家と女性』小学館　一九八五年）

アンダソヴァ・マラル「古事記の他界観とシャーマニズム」（『佛教大学大学院紀要　文学研究科編』第37号、二〇〇九年）

井上光貞『神話から歴史へ』日本の歴史1　中央公論文庫、一九七四年

岩田勝『神楽源流考』名著出版、一九八三年

上田正昭『日本武尊』吉川弘文館、一九六〇年

大林太良他編『世界神話事典』角川書店、一九九四年

岡田精司『古代王権の祭祀と神話』塙書房、一九七〇年

岡野玲子『消え去りしもの』スコラ、一九九七年

折口信夫「日本文学の発生序説」（『全集』第七巻、中央公論社文庫、一九七六年）

折口信夫「大嘗祭の本義」（『全集』第三巻、中央公論社文庫、一九七五年）

神野志隆光『古事記の達成』東京大学出版会、一九八三年

神野志隆光『古事記の世界観』吉川弘文館、一九八六年

神野志隆光『古事記と日本書紀』講談社現代新書、一九九九年

小松和彦『神々の精神史』講談社学術文庫、一九九七年

呉哲男『古代日本文学の制度論的研究』おうふう、二〇〇三年

呉哲男「古事記の世界観」（三浦佑之編『古事記をよむ』吉川弘文館、二〇〇八年）
呉哲男「古代国家論」（『相模国文』第36号、二〇〇九年）
権東祐「スサノヲの変貌」（『佛教大学大学院紀要　文学研究科編』第37号、二〇〇九年）
西郷信綱『古事記の世界』岩波新書、一九六七年
西郷信綱『古事記研究』未来社、一九七三年
西郷信綱『古代人と夢』平凡社ライブラリー、一九九三年
西郷信綱『古事記注釈』ちくま学芸文庫、二〇〇五年
西條勉『古事記と王家の系譜学』笠間書院、二〇〇五年
斎藤英喜「表現としての『古事記』」（『成城国文』第7号、一九八四年）
斎藤英喜「「遠呂智」退治譚の〈語り〉の構造」（『古代文学』第25号、一九八六年）
斎藤英喜「天照大神祟神伝承」（赤坂憲男編『供犠の深層へ』新曜社、一九九二年）
斎藤英喜「神のことば、声のことば」（古橋信孝他編『古代文学講座7　ことばの神話学』勉誠社、一九九三年）
斎藤英喜「『古事記』と祭祀・呪術実践」（『国語と国文学』一九九四年十一月号）
斎藤英喜『アマテラスの深みへ』新曜社、一九九六年
斎藤英喜「『古語拾遺』の神話言説」（『椙山女学園大学研究論集』第30号、一九九九年）
斎藤英喜「天孫降臨神話と筑紫」（林田正男編『筑紫古典文学の世界　上代・中古』おうふう、一九九七年）
斎藤英喜『読み替えられた日本神話』講談社現代新書、二〇〇六年
斎藤英喜『陰陽道の神々』思文閣、二〇〇七年
斎藤英喜「あれ（荒れ・生れ）」（近藤信義編『修辞論』おうふう、二〇〇八年）

斎藤英喜「「物のあはれ」の神話学」（『日本文学』二〇〇八年五月号）
斎藤英喜「「草薙」と中世の神話世界」（『国立能楽堂』二〇〇九年五月）
桜井好朗『祭儀と注釈』吉川弘文館、一九九三年
高木敏雄「英雄伝説桃太郎新論」（『増訂　日本神話伝説の研究2』平凡社、東洋文庫、一九七四年）
高橋美由紀「古事記における伊勢神宮」（『古事記年報』22号、一九八〇年）
次田真幸「海幸山幸神話の形成と安曇連」（伊藤清司・大林太良編『日本神話研究3』学生社、一九七七年）
津田博幸「『日本書紀』と〈説話空間〉」（『国語と国文学』二〇〇五年五月号）
中西進『天つ神の世界　古事記をよむ1』角川書店、一九八五年
中村明蔵『隼人の盾』学生社、一九七八年
西宮一民『新潮日本古典集成　古事記』頭注、新潮社、一九九三年
廣畑輔雄『記紀神話の研究』風間書房、一九七七年
藤井貞和「日本神話における〈語り〉の構造」（『日本文学』一九八一年五月号）
福永光司『道教と日本思想』徳間書店、一九八五年
古橋信孝『古代歌謡論』冬樹社、一九八二年
古橋信孝『神話・物語の文芸史』ぺりかん社、一九九二年
保坂達雄『神と巫女の古代伝承論』岩田書院、二〇〇三年
益田勝実『秘儀の島』ちくま学芸文庫、二〇〇六年
松前健『日本神話の新研究』南雲堂桜楓社、一九六〇年
松前健『古代伝承と宮廷祭祀』塙書房、一九七四年

松村武雄『日本神話の研究』第三巻、培風館、一九五五年
松本信広『日本神話の研究』東洋文庫、平凡社、一九七一年
水林彪『記紀神話と王権の祭り』岩波書店、一九九一年
三浦佑之『昔話にみる悪と欲望』新曜社、一九九二年
三浦佑之『神話と歴史叙述』若草書房、一九九八年
三浦佑之『古事記講義』文春文庫、二〇〇七年
三浦佑之『古事記のひみつ』吉川弘文館、二〇〇七年
ミルチア・エリアーデ『シャーマニズム』ちくま学芸文庫、二〇〇四年
本居宣長『古事記伝』『全集』第九巻、第十一巻、筑摩書房、一九六八、九年
守屋俊彦『記紀神話論考』雄山閣、一九八九年
安田尚道「イザナキ・イザナミの神話とアワの農耕儀礼」(伊藤清司他編『日本神話研究2』学生社、一九七七年)
柳田國男『桃太郎の誕生』(『全集』第十巻、ちくま文庫、一九八九年)
湯浅泰雄『歴史と神話の心理学』思索社、一九八四年
Y・アンドレーエ『化学の結婚』紀伊国屋書店、一九九三年
吉本隆明『アフリカ的段階について』春秋社、一九九八年
ラフカディオ・ハーン『神々の国の首都』講談社学術文庫、一九九〇年
AD・E・イェンゼン『殺された女神』弘文堂、一九七七年
D・リーミング、M・リーミング『創造神話の事典』青土社、一九九八年

斎藤英喜
さいとう・ひでき

1955年生まれ。日本大学大学院博士課程満期退学、佛教大学文学部教授。神話・伝承学専攻。おもな著書に『アマテラスの深みへ』（新曜社）、『いざなぎ流祭文と儀礼』（法藏館）、『安倍晴明—陰陽の達者なり』（ミネルヴァ書房）、『読み替えられた日本神話』（講談社現代新書）、『陰陽道の神々』（思文閣出版）ほか。

写真提供

◉

29、60、69、73、121、134 頁　斎藤英喜
40 頁　森田拾史郎
55、62、130 頁　松江城と周辺観光案内
67 頁　西宮神社
89 頁　八重垣神社
101、128、137 頁　出雲大社
102 頁　島根県立古代出雲歴史博物館
126、138 頁　出雲観光協会
147 頁　みやざき観光コンベンション協会
174・175 頁　竹内敏規
210・213 頁　大神神社

古事記　成長する神々

2010 年 3 月 10 日　初版第 1 刷発行

著　者
斎藤英喜

発行者
野村敏晴

発行所
株式会社　ビイング・ネット・プレス
〒 151-0064　東京都渋谷区上原 1-47-4
[編集·営業]電話 03-5465-0878　FAX 03-3485-2004

装丁
青島海児

印刷・製本
モリモト印刷株式会社

ISBN978-4-904117-49-1 C0021 Printed in Japan